Mundo Twitter

José Luis Orihuela

Mundo Twitter

Una guía para comprender y dominar la plataforma que cambió la red

Prólogo de Alejandro Piscitelli

alienta
EDITORIAL

Alienta es un sello editorial de Centro Libros PAPF, S. L. U.
Grupo Planeta
Av. Diagonal, 662-664
08034 Barcelona

Diseño de cubierta: El taller interactivo
Imagen de cubierta: M. Castells © UNAV

ISBN: 978-84-92414-89-5
Depósito Legal: B. 28.091-2011
Primera edición: junio de 2011
Tercera edición: julio de 2011
Preimpresión: Víctor Igual, S. L.
Impreso por T. G. Soler

Impreso en España - *Printed in Spain*

Dedicado a:

@jubije
@ubq879
@do203
@mjori

y a mis alumnos

Participa en la conversación sobre el libro
en Twitter utilizando la etiqueta:

#MundoTwitter

El autor escribe regularmente en la cuenta:

@jlori

Hay más recursos sobre el *Mundo Twitter* en:

http://www.ecuaderno.com/mundotwitter

y

http://www.planetadelibros.com/MundoTwitter

Twitter es el subtítulo de la realidad.

@mancini

ÍNDICE

2. GUÍA PARA NUEVOS USUARIOS

3. CLAVES DE LA ESCRITURA EN 140 CARACTERES

4. ETIQUETA Y CONVENCIONES DE UN NUEVO MEDIO

SEGUNDA PARTE: LOS USOS AVANZADOS DE TWITTER

PRÓLOGO
TWITTER, LA REVOLUCIÓN Y LOS ENFOQUES NI-NI

¿HAY ALGUIEN AHÍ?

Sólo quienes tienen una visión romántica de la innovación y la creatividad pueden sorprenderse (o indignarse) de que una herramienta tecnológica, de un valor insignificante, al punto de que solamente cuenta con la posibilidad de condensar una idea o sentencia en 140 caracteres, se haya convertido en uno de los mecanismos de comunicación más poderosos de la historia.

Para quienes la sociología de la tecnología es el lugar más feliz donde ver íntimamente entrelazadas las dos caras de la acción humana, no debería resultar tan sorprendente que la frase iniciática de Jack Dorsey (cofundador junto a Biz Stone y Evan Williams de Odeo, la empresa que devendría en Twitter) publicada en marzo de 2006 «just setting up my twttr», tuviera tanto eco como las frases de carácter pático semejantes «you see the LOG?», pronunciadas por los creadores de internet en octubre de 1969, e incluso la más conocida emitida por Thomas Bell dirigiéndose a su asistente «Mr. Watson, come here, I want to see you» en marzo de 1876.

En todos los casos nadie podía prever que de la timorata experiencia de comprobar que el canal soportaba el intento comunicacional emergerían discusiones acerca del poder transformador de la incipiente tecnología, que en el caso de Twitter –y de otras redes sociales– tendría su gran espaldarazo en las revoluciones políticas que tuvieron lugar en el Norte de África y en Medio Oriente a principios del año 2011.

Porque pasó por enésima vez, junto a la sorpresa de que el programa Watson de IBM llegara a derrotar a expertos humanos en el juego *Jeopardy* (para ser vencido a su vez pocos días más tarde), que una herramienta tecnológica a la que se había estigmatizado pocos meses antes irónicamente, sosteniéndose que «La revolución no sería tuiteada» –cual retorno de lo reprimido– desataría polémica de interpretaciones sin fin.

NO HAY MALES QUE DUREN CUARENTA AÑOS

Como no somos arabólogos, ni jamás tuvimos incursión académica alguna en la constelación MELA (*Middle East* + *Northern Africa*) difícilmente podamos decir algo inteligente acerca de este inesperado derrumbe de una franja importante del mundo –su equivalente más cercano es obviamente la licuación de los países satélites rusos a principios de los años noventa en Europa Oriental–, si no fuera por un detalle, mayor o menor según quién se vea involucrado, que es la posibilidad de que esta implosión esté ligada al uso masivo de las tecnologías. Y en particular de Twitter y de Facebook.

Una lectura ramplona del Santo Profeta Marshall McLuhan –cuyo centenario del natalicio se celebra en 2011– facilitaría aún más esta variante escatológica, tendiendo a buscar siempre una reducción simple y contundente de la evolución social a la tecnológica, afirmando descaradamente que la democratización forzada de los países en cuestión es una consecuencia inevitable del efecto democratizante de las redes sociales, con Twitter y Facebook a la cabeza. Como sea, de lo que no hay duda es de que un acontecimiento de esta magnitud puede ser un excelente terreno para el testeo de la hipótesis de una circularidad mutua entre tecnología y sociedad, es decir, entre posibles usos emancipatorios –porque los otros los vivimos día a día tanto en Europa como en el Tercer Mundo– de la tecnología como catalizadora y disparadora de los cambios sociales.

TODO EMPEZÓ CON GLADWELL

En octubre de 2010 Malcom Gladwell publicó en la revista *The New Yorker* una pieza oratoria perfectamente construida, en la cual a través de una serie previsible de ejemplos, sacando a la luz detalles y con el puntillismo que le conocemos, pretendía demostrar que el activismo político convencional se habría logrado en ausencia total de los medios digitales, partiendo de la célebre reunión en la cafetería de Woolsworth en Greensboro (Carolina del Norte) en la que cuatro estudiantes del colegio negro de A&T harían un alzamiento civil contra las leyes de segregación que en un mes movilizaría a 70 000 personas, plantando la semilla de la lucha finalmente ganada por los derechos civiles.

Tal anacronismo histórico no merecería comentario alguno si no fuera porque Gladwell está indignado por el reduccionismo tecnológico de muchos analistas silvestres, que cayendo en el reduccionismo más craso insisten en que los medios sociales (digitales) estarían reinventando el activismo político, y serían elementos conceptuales claves para entender la lucha social y política que está afectando a países de filiación ideológica de lo más variada.

¿QUÉ ES ESO DE QUE HAY REVOLUCIONES TUITERAS?

Si hay algo que sublevó a Gladwell fue que se hablara de la movilización que llevó a decenas de miles de moldavos a protestar contra su gobierno comunista en la primavera de 2009 tildándola como «la revolución de Twitter». Y el hecho de que el Departamento de Estado de Estados Unidos le pidiera a Twitter que reconsiderara su opción de interrumpir el servicio por mantenimiento en medio de las protestas que ocurrieron en Teherán un tiempo antes, con motivo de las elecciones presidenciales fraudulentas, reconocería un mismo origen.

Gladwell tiene a su favor opiniones muy críticas de analistas cercanos a la Defensa en Estados Unidos como Evgeny Morozov, un académico de prestigio en Stanford que ha publicado *The Net Delusion: The Dark Side of Internet Freedom*, en enero de 2011, donde revela la insignificancia de la cantidad de cuentas de Twitter en Moldavia, e incluso la posibilidad de que las protestas pudieran haber sido armadas por el propio gobierno, en una provocación a la que siempre son tan afectos los servicios de inteligencia y las mentes más paranoicas que pululan cerca de los presidentes y las presidentas.

Reclutando entre sus aliados a Robert Darton, Gladwell recuerda que ha ocurrido no una, sino mucha veces, que cegados por las maravillas de las tecnologías de comunicación del presente, terminamos creyendo que la comunicación no tiene historia, o que su importancia como *trigger* transformador habría sido nulo hasta el advenimiento de la televisión –corresponsable de la caída del imperio soviético– y hoy internet.

OLVIDÁNDONOS DE LO QUE ES EL ACTIVISMO

Más interesante que esos truismos es cómo en su reconstrucción de los episodios de Greensboro, Gladwell logra conectar una serie de comportamientos asociados más a las emociones que a los conceptos, como fuente de inteligibilidad de lo que ocurrió entonces, y de lo que no estaría ocurriendo ahora.

Según Gladwell lo que define al activismo no es tanto el fervor ideológico como la voluntad y capacidad de poner el cuerpo. Los años sesenta en el sur de Estados Unidos eran tiempos peligrosos, había mucha violencia e incluso asesinatos para quienes se arriesgaban, y tal vez el dato más valioso de su análisis fue que quienes pusieron el cuerpo, lo hicieron porque estaban personalmente conectados afectivamente con los militantes de los derechos cívicos.

En una bella fórmula, el sociólogo de Stanford Doug McAdam –compilador con Mario Diani de *Social Movements and Networks: Relational Approaches to Collective Action* (2003)– sostiene que el activismo de alto riesgo es un fenómeno que presupone la existencia de lazos fuertes. Ya sea en el caso de las Brigadas Rojas italianas (donde un 70 % de los nuevos reclutas tenía al menos un amigo íntimo dentro de la organización), hasta llegar a la caída del Muro de Berlín, la acción colectiva debería entenderse en términos de esta caracterización.

LAZOS FUERTES, LAZOS DÉBILES Y LOS GRADOS DE ACTIVISMO

Los cuatro de Greensboro estaban muy conectados; dos eran compañeros de cuarto, tres habían ido a la misma escuela, todos socializaban intensamente y entre las frases clave que los llevaron a desafiar al sistema ese lunes de febrero de 1960 estuvo la remanida: «¿Son cobardes o qué?».

Para Gladwell, la irrelevancia de plantearse un activismo político de la mano de las relaciones sociales proviene justamente de que plataformas como Twitter y Facebook se basan en la existencia de lazos débiles. Somos amigos, seguimos y nos sigue gente a la que nunca conocimos, a la que no frecuentamos, que no forman parte de nuestro círculo práctico y físico de amistades. Nuestras fuentes de nuevas ideas e información en la red –fantásticamente desplegada en un soporte como TweetDeck– no son nuestros amigos, sino nuestros conocidos.

La fuerza de internet está precisamente en que deja explorar el poder de las conexiones a distancia con un efecto contundente. Sus mejores logros se están viendo en los campos de la innovación, la colaboración interdisciplinaria, la coordinación de acciones entre compradores y vendedores y las funciones logísticas del mundo de las citas. Pero los lazos débiles difícilmente lleven ni hagan posible un activismo de alto riesgo.

Pero ¿es efectivamente así? ¿Podemos desembarazarnos tan fácil y maniqueamente de las redes sociales? De ninguna manera. Y basta con recorrer una enorme literatura que incluye a autores como Henry Jenkins y Ramesh Srinivasan, Kevin Driscoll y Clay Shirky para tener una visión mucho más matizada y precisa de las intrincadas relaciones que hay entre Twitter y los cambios sociales.

Es cierto que los usos de Twitter son de lo más variados. Según Pear Analytics tenemos en la red un 40 % de tonterías, un 6 % de autopromoción y un 4 % de *spam*. Pero no es menos cierto que la mitad de los tuits diarios (unos 135 millones) se dividen en conversaciones, valor agregado circulando y noticias, lo que es significativamente interesante. Y si bien es minoritario el número de tuits que se usan para derrocar a regímenes dictatoriales, no lo es menos que muchos otros usos que son llamativos y merecen un conocimiento detallado y un uso efectivo.

Hay muy pocos textos sobre Twitter y los que hay, mayoritariamente en inglés, oscilan entre la ramplonería, el tecnicismo o el pedagogismo con pocas excepciones. Es por ello un honor y una alegría que uno de los tuiteros más seguidos en el mundo hispanoparlante haya decidido poner a punto una combinación de manual y combo de experiencias para entrar ordenada y meticulosamente en el maravilloso mundo de Twitter.

Alejandro Piscitelli
Profesor en la Facultad de Ciencias Sociales
de la Universidad de Buenos Aires

INTRODUCCIÓN

Twitter es una herramienta paradójica: nunca fue tan sencillo hacer algo tan complicado, ni tan complicado hacer algo tan sencillo.

Compartir información con gente a la que le importas mediante mensajes de texto de hasta 140 caracteres es sólo la mitad. Acceder en tiempo real a la vida de la gente que te importa es la otra mitad.

Pero en el medio hay más gente. Hay millones de personas y organizaciones conversando sobre las cosas que les importan, y eso lo cambia todo.

Twitter ha cambiado la red y ha completado el giro social que iniciaron los blogs a finales de los años noventa. Ahora el planeta entero está conversando y todos podemos escucharlo. También existe la posibilidad de que el planeta entero nos escuche. Al menos una vez. Tenemos 140 caracteres para intentarlo. Y muchas veces.

En Twitter cada usuario decide a quiénes escuchar, y con lo que dice delimita el círculo de los que van a escucharlo.

En Twitter las palabras valen mil imágenes. La plataforma se ha convertido en el alambique en el que se destila la cultura de nuestro tiempo.

Algo tiene Twitter cuando los que están fuera no saben cómo entrar y los que están dentro no saben cómo salir. Éste es un libro para ayudarles.

Los que quieran entrar encontrarán una guía que les allanará el camino. Los que están dentro encontrarán claves y recursos para mejorar su experiencia. Y los que quieran salir, tendrán que seguir esperando. Twitter casi nunca se comprende a la primera.

Los usuarios avanzados y los administradores de cuentas corporativas encontrarán pistas y criterios para gestionar la comunicación con eficacia en un entorno conversacional que no perdona la trampa, pero que recompensa la franqueza, la cercanía, el humor inteligente y el enlace oportuno.

En Twitter hay que aportar valor para obtener atención a cambio, y hay que hacerlo de modo regular para poder construir una comunidad valiosa.

* * *

Cuando terminé de escribir este libro me di cuenta de que no era un libro sobre Twitter, y que Twitter sólo había sido una excusa para tratar de entender y de explicar cómo se comunica entre sí la gente que se aprecia cuando está lejos y por qué las palabras siguen siendo tan importantes, aunque no tengan más espacio que 140 caracteres.

Si Twitter desapareciera en el futuro como marca o como plataforma, lo que nos ha hecho va a permanecer, ya que ha cambiado nuestro modo de entender y de practicar la comunicación en la red.

Como no podría ser de otra forma, este libro comenzó con un tuit. La respuesta de un editor atento a la conversación puso en marcha el proyecto. Roger Domingo me propuso escribirlo y luego me dejó en paz, para poder hacerlo. Por las dos cosas le estoy muy agradecido. #FF: @rogerdomingo.

Alejandro Piscitelli, uno de los primeros y más fecundos pensadores sobre internet en español, aceptó escribir el prólogo. Gracias maestro. #FF: @piscitelli.

Finalmente quiero agradecer a todos los autores cuyo trabajo recojo en la «Antología» de la Tercera Parte y a los 140 recomendados: son algunas de las muchas personas que me inspiran y por las que vale la pena estar en Twitter.

Para una mente creativa no hay nada más estimulante que pensar en voz alta junto a otras personas. Twitter es un buen lugar para hacerlo. No se lo pierdan.

@jlori
Campus de la Universidad de Navarra, Pamplona

PRIMERA PARTE

QUÉ ES TWITTER Y CÓMO UTILIZARLO CON EFICACIA

1. ENTENDER LA PLATAFORMA Y LOS MENSAJES

QUÉ ES TWITTER

Twitter fue originalmente diseñado como una plataforma web para facilitar la circulación de mensajería entre grupos. Se trataba de que el usuario pudiera enviar un SMS a una cuenta para que fuera publicado en la web y además fuera distribuido a otros usuarios que quisieran recibir las actualizaciones mediante SMS.

El concepto inicial de Twitter convierte la web en una interfaz de mensajería que permite a los integrantes de un grupo (compañeros de trabajo o de estudios) compartir sus actualizaciones de estado sin necesidad de compartir sus números de móvil y además hacerlo de un modo no invasivo.

La mensajería SMS confiere movilidad y aporta la circunstancia vital del usuario; la web proyecta los mensajes a escala global de manera instantánea y cada usuario decide qué cuentas seguir y cómo acceder a los mensajes.

Las bases del modelo comunicativo de Twitter son la sencillez (mensajes de texto de hasta 140 caracteres), la movilidad en la producción y el consumo de los mensajes, la articulación entre mensajería y web, así como la asimetría de las relaciones entre los usuarios.

El contenido de los mensajes compartidos y en general los modos de uso de Twitter se han transformado y se siguen transformando de manera orgánica a medida que los usuarios se van apropiando de la plataforma y van experimentando la extraordinaria ductilidad del sistema.

Como bien afirma Carlos Scolari en *Hipermediaciones* (2008): «No hay nada parecido a usos correctos o incorrectos de la tecnología» (hay usos dominantes, prescritos, instruccionales y empíricos). Twitter es un gran ejemplo de transformación de los usos prescritos (por el fabricante) e instruccionales (derivados de la interfaz) gracias a la apropiación social de sus usuarios. En este sentido, la evolución de la plataforma es un modelo paradigmático de innovación distribuida.

Cada usuario de Twitter tiene que descubrir o inventarse un modo de utilizar la plataforma. No existe ninguna predeterminación acerca de los contenidos apropiados, más allá del formato textual de los mensajes y su extensión limitada a 140 caracteres. Por lo demás, se trata de comunicación pública.

Las interacciones entre los gestores de la plataforma, la propia plataforma, sus usuarios y los desarrolladores de aplicaciones, constituyen un ecosistema que evoluciona a gran velocidad y que impacta en otros ecosistemas comunicativos, especialmente los medios sociales, la comunicación organizacional y política, la educación y los medios de comunicación.

ORIGEN Y EVOLUCIÓN

Los orígenes de Twitter se remontan al primer trimestre de 2006 cuando un grupo de emprendedores de internet, Jack Dorsey, Biz Stone y Evan Williams, comienzan a explorar la viabilidad de establecer una red social basada en mensajes breves (SMS) y articulada en la web.

Al igual que Blogger, que fue inicialmente un proyecto interno de la empresa Pyra Labs y en el que intervinieron Stone y

Williams, Twitter también comenzó siendo un desarrollo interno de la compañía Odeo para agilizar las comunicaciones entre sus empleados.

El 21 de marzo de 2006, Dorsey publicó el primer mensaje en una versión de prueba de la plataforma que, inicialmente e inspirado en Flickr, se denominó Twttr:

> @jack:
> just setting up my twttr
> http://twitter.com/jack/status/20

En junio de 2006, Twttr se abre al público, y en octubre Dorsey, Stone y Williams ponen en marcha la empresa Obvious, adquieren Odeo y rebautizan la plataforma como Twitter.

El despegue de Twitter y el comienzo de su popularidad se produce en marzo de 2007, durante el festival *South by Southwest,* en el que obtiene el premio Web Award en la categoría «Blog». Además, la plataforma se convirtió en el canal de retorno *(backchannel)* de la conferencia y los mensajes de los usuarios, proyectados en pantalla gigante, fueron los protagonistas del festival.

Desde entonces, la plataforma no ha dejado de crecer, de capitalizarse y de transformarse. La liberación de la API (Interfaz de Programación de Aplicaciones) de Twitter ha permitido la creación de una vasta comunidad de desarrolladores que han lanzado decenas de miles de aplicaciones para optimizar sus funcionalidades. A su vez, la creciente base de usuarios y la diversidad de sus prácticas comunicativas siguen transformando los usos y el impacto de Twitter en todos los ámbitos.

A partir de la simplicidad de la idea inicial de asociar los SMS a la web para actualizar estados entre redes de contactos mediante mensajes de hasta 140 caracteres, los desarrolladores y los usuarios alimentan y transforman un ecosistema que cambia de manera vertiginosa en múltiples direcciones y que se ha convertido en el sistema nervioso central del planeta.

Hitos en la historia de Twitter

Twttr (beta) Primera versión de prueba de la plataforma, marzo de 2006.

Twttr (público) Lanzamiento al público de Twttr, julio de 2006.

API Lanzamiento de la API, septiembre de 2006.

Twitter Cambio de la marca Twttr por Twitter, octubre de 2006.

Twitter Fan Wiki Puesta en marcha de un wiki no oficial, noviembre de 2006.

SXSW Premio Web Award en el festival *South by Southwest*, marzo de 2007.

Twitter, Inc. Constitución de la empresa Twitter, Inc., abril de 2007.

CEO Jack Dorsey asume el cargo de director ejecutivo, abril de 2007.

Time Twitter en los 50 Best Websites 2007 de *Time*, julio de 2007.

Summize Adquisición de la empresa desarrolladora del buscador Summize, julio de 2008.

CEO Evan Williams asume el cargo de director ejecutivo, octubre de 2008.

SUL Suggested Users List, marzo de 2009.

Search Intregración del buscador interno en el cliente web, abril de 2009.

Kutcher Ashton Kutcher y CNN compiten por llegar al millón de seguidores, abril de 2009.

Oprah Ashton Kutcher y Evan Williams en el programa de Oprah Winfrey, abril de 2009.

Home Rediseño de la página de inicio del sitio web, julio de 2009.

Time Twitter en la portada de *Time*, junio de 2009.

DoS Ataques de denegación de servicio, agosto de 2009.

Listas Lanzamiento de la funcionalidad para la creación de listas, septiembre de 2009.

Translate puesta en marcha del proyecto *Twitter Translate*, octubre de 2009.

Hitos en la historia de Twitter

Newsweek Twitter en la portada de la edición argentina, octubre de 2009.

Español Estreno de la versión en español, noviembre de 2009.

What's Happening? Nueva pregunta en sustitución de *What are you doing?*, noviembre de 2009.

Suggestions Aplicación de un algoritmo de recomendación, enero de 2010.

Local Trends Segmentación de temas del momento por ciudades, enero de 2010.

@anywhere Funciones de integración con Twitter para sitios web, marzo de 2010.

Home Segundo rediseño de la página de inicio, marzo de 2010.

Chirp Primera conferencia para desarrolladores, abril de 2010.

Library of Congress Acuerdo con la Biblioteca del Congreso, abril de 2010.

Promoted Tweets Programa de tuits patrocinados, abril de 2010.

Help Center Mejora del sistema de ayuda, mayo de 2010.

Nuevo Twitter Rediseño integral del cliente web, septiembre de 2010.

CEO Dick Costolo asume el cargo de director ejecutivo, octubre de 2010.

Noticias Twitter en portada y personaje del año 2010 para la revista *Noticias*, diciembre de 2010.

Twitter Translation Center Nueva plataforma para gestionar las traducciones, febrero de 2011.

Fast Company Twitter #2 en The World's Most Innovative Companies 2011, febrero de 2011.

Charlie Sheen récord mundial Guinness para Twitter al obtener un millón de seguidores en un día, marzo de 2011.

El País Semanal Twitter en portada del dominical de *El País*, marzo de 2011.

140 millones Promedio de publicación de tuits diarios al cumplirse el quinto aniversario de Twitter, marzo de 2011.

EL MODELO COMUNICATIVO DE TWITTER

¿Para qué sirve Twitter? ¿Qué sentido tiene contarle a unos seguidores, en su mayor parte desconocidos, qué es lo que uno está haciendo o qué es lo que está pasando? ¿Qué cosas comparte la gente utilizando mensajes de hasta 140 caracteres, y a quiénes les interesan?

Las preguntas de los críticos y de los escépticos se repiten por doquier, pero en el fondo no son muy diferentes de las que se formularon en torno a Blogger desde 1999. Una plataforma de publicación web, gratuita, sencilla e intuitiva, sirve para que los usuarios compartan cualquier tipo de contenido.

Al igual que ocurre con los blogs (y con las revistas, los libros, la televisión y la radio), tampoco en Twitter existe una predeterminación acerca del tipo de contenido publicable o de su género. Ni siquiera la ofrecen las preguntas con las que desde la plataforma se orienta la participación de los usuarios: inicialmente *What are you doing?* (¿Qué estás haciendo?) y desde noviembre de 2009 *What's Happening?* (¿Qué está pasando?).

Las dos restricciones básicas de Twitter (mensajes de texto y límite de 140 caracteres) han espoleado la imaginación y la creatividad de desarrolladores y usuarios que inventan a diario nuevas aplicaciones y nuevas formas de usar una herramienta extraordinariamente flexible.

El modelo comunicativo de Twitter

- **Asimétrico** Una red social de relaciones optativas (seguir/ser seguido), en la que no se requiere el consentimiento mutuo entre los usuarios.
- **Breve** Un formato de escritura limitado a 140 caracteres por mensaje.
- **Descentralizado** Una arquitectura variable multipunto-multipunto definida por las decisiones de cada usuario.
- **Global** Un servicio disponible en varias lenguas y en todo el planeta (incluso en la Estación Espacial Internacional).

El modelo comunicativo de Twitter

- **Hipertextual** Un entorno de lecto-escritura en el que cada mensaje contiene enlaces por defecto (el usuario y el enlace permanente del mensaje) y en el que el uso del símbolo @ (arroba) y del signo # (numeral) genera enlaces de manera automática.
- **Intuitivo** Un concepto de aplicación y una interfaz web orientados a usuarios no expertos, basados en la simplicidad y la facilidad de uso.
- **Multiplataforma** Una aplicación con la que se puede interactuar desde clientes de mensajería, de correo, de SMS, navegadores web y sus extensiones, ordenadores de sobremesa, portátiles, *netbooks*, *tablets*, móviles y redes sociales.
- **Sincrónico** Una temporalidad definida por la vertiginosa fugacidad del *timeline* en el que tienden a coincidir los tiempos de publicación y de lectura.
- **Social** Un conjunto de comunidades y relaciones definidas por cada usuario.
- **Viral** Una plataforma que, merced a su carácter global, social y sincrónico, facilita la rápida circulación y multiplicación de los mensajes.

Twitter, más allá de la tecnología, son las personas que lo utilizan, los mensajes que se comparten, las conversaciones que se mantienen y las relaciones que se establecen entre sus usuarios.

TERMINOLOGÍA

Invariablemente, cuando se produce la adopción social de una nueva tecnología también se adoptan nuevos términos para describirla. Twitter es un caso más de este proceso de enriquecimiento y transformación del lenguaje al haber adoptado como marcas metáforas relacionadas con el gorjeo de los pájaros (*Twitter*: trinar, *Tweet*: trino, *Chirp*: gorjeo).

Aunque la jerga de Twitter es bastante abundante (como se puede comprobar en el Glosario), al usuario que recién comienza su andadura en la plataforma le bastará con comprender el significado de los términos básicos relacionados con las funciones más habituales.

Jerga de Twitter

direct message (mensaje directo) Comunicación privada entre dos usuarios.

favorite (favorito) Mensaje marcado para facilitar su posterior recuperación.

follow, following, follower (seguir, siguiendo o seguidos, seguidor). Suscribirse a las actualizaciones de un usuario. Conjunto de usuarios seguidos. Seguidor.

hashtag (etiqueta) Palabra clave que, precedida del signo # (almohadilla o numeral), sirve para identificar un tema, *meme*, tendencia o asunto tratado en un mensaje.

mention (mención) Referencia en un mensaje a otro usuario, utilizando el esquema @usuario.

reply (respuesta, responder) Respuesta generada a partir de un mensaje mediante la orden correspondiente.

retweet (retuit, retuiteo, retuitear) Reenvío de un mensaje.

timeline (flujo de mensajes) Conjunto de mensajes ordenados por cronología inversa.

Tweet (tuit, tuiteo, tuitear) Mensaje que se publica en Twitter y la acción de publicarlo.

twitterer (tuitero/a) Usuario de Twitter.

unfollow *(desfollowear)* Interrumpir el seguimiento de un usuario.

Para mantener actualizados los términos del glosario final, pueden verse varios diccionarios en línea especializados en la jerga de Twitter (Anexo D, Recursos/Diccionarios).

El 13 de octubre de 2010 la Fundación del Español Urgente

recomendó las formas españolas tuitero/a, tuitear, tuiteo y retuiteo para las actividades relacionadas con la red social Twitter (http://bit.ly/tuiteo). Por su parte, el lingüista Manuel Casado ha sostenido que «la triple distinción (además de tuitero) entre tuitear, tuiteo y tuit es útil. La tenemos en castellano en otros ámbitos, como –por citar uno relativamente próximo– en "cartearse", "carteo" y "carta"» (http://bit.ly/eltuit). En consecuencia en este texto, se ha optado por el término «tuit» como traducción de *tweet*, para designar a los mensajes o actualizaciones que se publican en Twitter.

PARA QUÉ SIRVE TWITTER

Partiendo de la base de que no es aplicable el concepto de una función específica para Twitter, ni siquiera a partir de las preguntas oficiales (*What are you doing?* y *What's Happening?*), y que debido a la flexibilidad de la plataforma, la descentralización de las conversaciones y la opcionalidad de las relaciones, todos los tuits son pertinentes, aun así cabe identificar algunas de las principales fortalezas de Twitter.

Los ya apuntados rasgos del modelo comunicativo de Twitter y la experiencia de uso de una plataforma que despega socialmente en 2007 permiten establecer algunas funciones básicas en respuesta a la recurrente pregunta «¿Para qué sirve Twitter?».

Siguiendo el esquema propuesto por Tim O'Reilly y Sarah Milstein en *The Twitter Book* (2009), los puntos fuertes de Twitter pueden articularse en torno a las siguientes funciones:

- **Familiaridad ambiental** *(ambient intimacy)* El concepto de familiaridad ambiental fue propuesto por Leisa Reichelt (http://www.disambiguity.com/ambient-intimacy/) en 2007 para describir la capacidad de mantener un contacto frecuente e íntimo con las personas que nos importan accediendo a los detalles de su vida cotidiana de un modo en el que hasta ahora resultaba imposible, gracias al potencial de los medios sociales para superar los límites espacio-temporales. Cuando los usuarios comparten en Twitter los detalles de su vida, abren una ventana que permite a los seguidores, y especialmente a los amigos, alcanzar un nivel de empatía que se asemeja al de las experiencias compartidas en el mundo físico. Twitter mantiene a la gente en contacto no sólo mediante las conversaciones, sino y sobre todo, a través de los estados vitales compartidos de manera permanente.

- **Compartir experiencias y opiniones** *(sharing news and commentary)* Además de las trivialidades cotidianas, los usuarios de Twitter comparten sus opiniones sobre los productos y servicios que consumen, sobre las noticias del día, los programas de la televisión, la música que suena mientras trabajan, las películas que han visto, sus viajes, planes y recuerdos. Muchos tuiteros prefieren mantenerse en este nivel y evitan publicar detalles más íntimos o personales.
- **Detector de tendencias** *(mind reading)* Twitter es un sismógrafo social. Millones de usuarios del mundo entero compartiendo opiniones sobre todas las cosas convierten a Twitter en un gigantesco estudio de mercado en tiempo real y a escala global. Los *trending topics* y los *memes* constituyen un agregado de información muy valiosa para analistas políticos y de mercado, así como para periodistas. En la medida en que se refinen los métodos para analizar los mensajes públicos que circulan en Twitter, se abrirán nuevos horizontes para comprender mejor el comportamiento de las audiencias, el pulso de la opinión política, las tendencias de consumo y el movimiento de las bolsas.
- **Noticias de último momento** *(breaking news)* La facilidad que supone para los usuarios publicar textos, imágenes y vídeos desde un móvil en una plataforma de acceso global ha convertido a los testigos y a las víctimas de accidentes, catástrofes y convulsiones sociales en los primeros e improvisados cronistas, alertando a los medios y anticipándose a su llegada. Por otra parte, la *capilaridad* propia de Twitter

contribuye a imprimir velocidad a la circulación de noticias de alcance, y a retroalimentar algunas situaciones de crisis.

- **Canal de negocios** *(business conversations)* Cuando Rick Levine, Christopher Locke, Doc Searls y David Weinberger escribieron en 1999 las 95 tesis de *El Manifiesto Cluetrain* (http://cluetrain.com y http://bit.ly/cluetrainlibro), anticipando el impacto de internet sobre los negocios, establecieron como primer postulado la célebre afirmación «los mercados son conversaciones». Los blogs mostraron hasta qué punto la red cambiaba la dinámica de las relaciones entre las empresas y los consumidores, y Twitter ha acelerado y potenciado esos efectos. Twitter es un mercado virtual, un lugar en el que los consumidores dialogan entre sí y con las marcas, un canal de atención al cliente y una gran plataforma de marketing y *branding*.

TWITTER EXPLICADO EN TUITS

Con toda lógica, algunas de las cosas más interesantes que se han escrito sobre Twitter han sido publicadas como tuits. El desafío de explicar la plataforma y la experiencia Twitter en 140 caracteres es un reto que casi todos los usuarios acometen alguna vez.

Desde el típico mensaje inicial «no entiendo nada», hasta las más profundas y divertidas definiciones: el eco de todos los usuarios fluye en el *timeline* y convierte a Twitter en un libro vivo sobre el *microblogging*.

Twitter explicado en tuits

- @abladias:

  Cuando el «what are you doing?» cambió por el «¿Qué está pasando?» La 1a pregunta podía responderla hasta yo. A la 2a no responde «ni Dios»

  http://twitter.com/abladias/status/2469908260589568

Twitter explicado en tuits

- @Alibaimor:
  Señoras que van por la calle pensando en «señoras» que tuitear
  http://twitter.com/Alibaimor/status/17879241920
- @allendegui:
  Mi definición de Twitter: Nunca a tantos importó tanto tan poco
  http://twitter.com/allendegui/status/5425881008
- @amfumero:
  ¿Por qué tuitear? Porque, por más vueltas que le des, en 140 caracteres habrá terminado todo
  http://twitter.com/amfumero/status/16831979517
- @crism321:
  A veces 140 caracteres valen más que mil palabras
  http://twitter.com/crism321/status/24780417798
- @do203:
  A buen entendedor, Twitter
  http://twitter.com/do203/status/1061532184084480
- @elbaronrojo:
  La vida es demasiado corta y Twitter demasiado largo
  http://twitter.com/elbaronrojo/status/27537431741
- @estratega:
  Tuitear es contar lo que te cuentas a ti mismo, contando las palabras
  http://twitter.com/estratega/statuses/781392229
- @jlori:
  En Twitter todo es fácil, salvo lo importante: formar una buena red, dedicar tiempo al timeline y publicar contenidos de calidad
  http://twitter.com/jlori/status/24026135664
- @juanluispolo:
  Nadie se acordará de nosotros cuando no tuiteemos
  http://twitter.com/juanluispolo/status/1934330470

Twitter explicado en tuits

- @korochi:
  Lo mejor de Twitter es que no hay que pensar los títulos
  http://twitter.com/korochi/status/1349589947

- @kurioso:
  Si se puede 'tuitear'... no merece la pena 'bloguearlo'
  http://twitter.com/kurioso/status/24562565231

- @Papelimaginado:
  Twitter es el arte de lo efímero
  http://twitter.com/Papelimaginado/status/27605815693

- @vrruiz:
  Las tapas son a la comida lo que twitter a los blogs
  http://twitter.com/vrruiz/statuses/435219962

- @Yoriento:
  Dedicar tiempo a leer timelines es el amor verdadero en Twitter :)
  http://twitter.com/Yoriento/status/14516217480

Véase también: «Tercera Parte. La vida misma en 140 caracteres».

LA EXPERIENCIA TWITTER

Los espectadores de un programa de televisión o de una película, los lectores de un diario, una revista o un libro y los oyentes de una tertulia radiofónica, por ejemplo, interpretan y valoran de modo muy diverso lo que han visto, leído u oído, pero cada uno de ellos ha estado expuesto al mismo tipo de contenido. Uno que, además, ha sido producido y definido por el propio medio.

A diferencia de lo que ocurre con los medios de comunicación tradicionales, en los medios sociales, y especialmente en Twitter, son los propios usuarios los que con sus decisiones producen y configuran el contenido y la experiencia del medio, y en eso precisamente radica su carácter social.

Twitter más que una «red de información», como se autodefine por razones estratégicas para diferenciarse, es propiamente una red social asimétrica, en la que cada usuario define el contenido que recibe en función de las comunidades que establece (los usuarios a los que sigue y las listas que organiza).

Como consecuencia, Twitter es un medio y una experiencia diferente para cada uno de sus usuarios, y la calidad de esa experiencia se modifica cada vez que uno de ellos toma decisiones acerca de la composición de su propia comunidad.

El carácter optativo o asimétrico de las relaciones en Twitter determina un modelo de medio cuyo contenido es la comunidad definida por cada usuario. En Twitter, la comunidad es el mensaje.

La experiencia Twitter es diferente entre los usuarios que sólo leen las actualizaciones de sus respectivas comunidades (pasivos) y los que, además, comparten contenidos propios (activos). La experiencia de los usuarios activos no está únicamente delimitada por la calidad de sus redes, sino también por la calidad y la frecuencia de sus propias contribuciones, en la medida en que generan reacciones y respuestas que acaban reconfigurando su propio *timeline*.

En este sentido, la experiencia Twitter más gratificante es la de aquellos usuarios activos que, al cabo del tiempo, han conseguido refinar una comunidad de cuentas seguidas que ajustan con regularidad, y que al contribuir con actualizaciones de calidad consiguen ser seguidos por otros usuarios activos con los que pueden establecer conversaciones y viralizar contenidos.

2. GUÍA PARA NUEVOS USUARIOS

COMENZAR CON CALMA

Twitter es sencillo: una plataforma en línea para publicar y leer mensajes de texto de hasta 140 caracteres. Cualquier usuario con conocimientos básicos de internet (que sepa manejar un navegador web y disponga de una cuenta de correo electrónico) puede darse de alta y comenzar a utilizar este servicio gratuito en unos pocos minutos.

El problema consiste en que tras esa aparente sencillez, a la que Twitter debe su creciente popularidad, para sacarle rendimiento a la plataforma es necesario dedicarle tiempo de manera constante hasta alcanzar tres metas básicas: identificar usuarios interesantes a los que seguir, producir con frecuencia mensajes de calidad que aporten valor e incrementar de manera regular la cantidad de seguidores que lean las actualizaciones publicadas en la cuenta.

Buena parte de las frustraciones y los abandonos prematuros que se producen entre los recién llegados tienen que ver, por un lado, con las elevadas expectativas alimentadas por los medios y los famosos en torno a una red social de moda y, por otra parte, con la impaciencia de los usuarios que creen que simplemente por abrir la cuenta comenzarán a suceder cosas maravillosas. Y lo cierto es que al principio no ocurre nada.

El único secreto de la calidad de la experiencia Twitter es que depende completamente de las decisiones que tome el usuario. Cada tuitero modela y condiciona con sus elecciones el tipo y la cantidad de seguidores que va a tener, el estilo de los mensajes propios, la cantidad, variedad y calidad de los mensajes que recibe de los demás, la identidad en línea que construye y la reputación digital que consigue.

Encontrar la propia voz como autor, aprender a escribir en un entorno restringido a 140 caracteres de texto y establecer vínculos con usuarios afines (seguir y ser seguido) son las tres tareas clave que hay que acometer con paciencia para poder comenzar a percibir el extraordinario potencial que esconde Twitter detrás de su aparente simplicidad.

COMPLETAR EL PERFIL

Las prisas por estrenar la cuenta y experimentar las bondades de la plataforma sobre la que todo el mundo habla conspiran contra la eficacia de los primeros pasos. Las decisiones iniciales no son triviales, por el contrario, constituyen la base sobre la que el nuevo usuario establece su identidad y plantea el pacto de lectura a sus potenciales seguidores.

La primera decisión que hay que tomar en Twitter, y que muchos usuarios realmente no llegan a formularse nunca, está relacionada con el tipo de contenidos que se van a publicar. Cómo se va a enfocar la cuenta, qué es lo que se va a compartir con los lectores y qué balance se va a procurar entre asuntos personales y asuntos profesionales.

Sólo a partir de esa base es recomendable iniciar el proceso de registro, en el que todas las pequeñas decisiones que se tomen tendrán una importancia crucial para conseguir poner en marcha una cuenta exitosa.

- **Nombre de usuario** Es la identidad con la cual será reconocido el tuitero dentro (y a veces también fuera) de la plataforma. Debe ser breve (en cualquier caso inferior a 15 caracteres), fácil de recordar, significativo, relacionado con la identidad del usuario o de la marca en el mundo físico y fácil de pronunciar y entender de manera oral.
- **Imagen** El avatar es la representación visual de la identidad del usuario. Lo más recomendable es una fotografía de buena calidad, cuadrada, de no más de 700 K y centrada en el rostro.
- **Biografía** En 160 caracteres hay que escribir una buena presentación que relacione la identidad del usuario en el mundo físico con el tipo de contenidos que va a publicar en su cuenta.
- **Sitio web** Siempre que sea posible hay que incluir una URL a la que los lectores puedan acudir para obtener mayor información sobre el administrador de la cuenta (normalmente el blog personal o el perfil en una red social).

A la hora de configurar cada uno de estos aspectos de la identidad del usuario suelen tomarse decisiones equivocadas que afectan al atractivo de la cuenta y en consecuencia a su capacidad para atraer seguidores:

- Nombres de usuario ridículos, difíciles de recordar, de personajes de ficción o apodos familiares.
- Fotografías mal encuadradas, mal iluminadas, pequeñas, de baja resolución, imágenes de grupo, personajes famosos, dibujos animados y fotografías tomadas ante el espejo del cuarto de baño.
- Biografías que no aportan ninguna referencia útil para poder situar al autor con relación al contenido, obviedades, frases ingeniosas, color favorito...
- URL que no funcionan o que no tienen relación con el usuario.

Algunas cosas que no hacen falta en la biografía de una cuenta de Twitter

- *Casi perfecto*
- *Ciudadano del mundo*
- *Como helados*
- *Deseo tener bastantes amigos*
- *En la otra vida fui famoso*
- *Eras lo más importante en mi vida*
- *Es mi primer mensaje soy novato en esto*
- *Estoy muy tranquilo en todo momento*
- *La vida es bella*
- *La vida es lo mejor*
- *Me gusta estar al tanto de todo*
- *Me gustaría encontrar personas del mundo*
- *Mujer felizmente casada*
- *No me gusta la palta, ni los champiñones*
- *No tengo pareja*
- *Opino lo que creo que es*
- *Pienso, luego existo*
- *Según mis amigas, guapo*
- *Ser humano*
- *Soy buen amigo*
- *Soy buena onda*
- *Soy una persona con defectos y virtudes*
- *Soy una persona normal*
- *Soy una persona superdivertida*
- *Tengo el novio más lindo*
- *Tengo un cerebro*
- *Todavía no entiendo Twitter*
- *Un poco de todo*
- *Una persona que vino al mundo*
- *Viviendo la vida*
- *Yo soy yo y mis circunstancias*

Si el usuario no se toma a sí mismo en serio, mal puede esperar construir una comunidad que se extienda más allá de los límites del círculo de las relaciones que ya ha establecido en el mundo físico. Naturalmente, hay margen para los artistas de la comedia y para los genios, pero suele haber más aspirantes que consagrados (también en Twitter).

DESCUBRIR USUARIOS

Encontrar gente, instituciones, marcas y medios a los que valga la pena seguir es la siguiente tarea a la que se debe enfrentar el nuevo usuario.

Una vez configurada la cuenta, la pregunta *¿A quién debería seguir en Twitter?* es otra barrera que suele bloquear a muchos recién llegados (algunos de los cuales abandonan la cuenta sin haber comenzado a seguir a nadie).

Seguir a otros usuarios significa suscribirse a sus actualizaciones para poder recibirlas en el flujo de mensajes *(timeline)*. Esas primeras lecturas también son decisiones importantes, pues permiten al nuevo usuario empezar a captar el estilo, la frecuencia de publicación y los contenidos que la gente comparte en Twitter y, de esa forma, adquirir elementos de juicio y referencias para la definición del propio estilo.

PISTAS PARA DESCUBRIR Y COMENZAR A SEGUIR CUENTAS EN TWITTER

- Pensar y buscar personas, empresas, instituciones, medios de comunicación y temas que interesen o afecten personalmente al usuario en el mundo físico y seguir sus cuentas en Twitter.
- Ejecutar en Google la búsqueda correspondiente:

  nombre, palabras clave o marca «on Twitter»
  nombre, palabras clave o marca site:twitter.com

- Una vez que se hayan localizado y comenzado a seguir cuentas interesantes, hay que explorar a qué cuentas siguen a su vez los usuarios escogidos y en qué listas de terceros aparecen.

- Atender y ocasionalmente seguir las sugerencias propuestas por Twitter en Recomendaciones, Conexiones y Listas de usuarios sugeridos (http://twitter.com/who_to_follow).
- Utilizar los rankings de usuarios populares por temas, países o ciudades (Anexo D. Recursos/Rankings).
- Examinar las listas más populares relacionadas con los temas de interés del nuevo usuario (Anexo D. Recursos/Listas).
- Explorar las cuentas sugeridas por los miembros de la propia comunidad en las recomendaciones de los viernes *(Follow Friday)*.
- Aprovechar las recopilaciones periódicas de tuits que se publican en algunos blogs para descubrir usuarios cuyo estilo resulte atractivo (véase: «Tercera parte. La vida misma en 140 caracteres»).
- Diversificar el tipo de cuentas que se van a seguir incluyendo a usuarios, medios e instituciones de otros países, temas afines, medios de referencia, organizaciones locales.
- Revisar la lista de 140 usuarios recomendados y la selección de ejemplos de cuentas por sectores (Anexos A y B).

10 aspectos que hay que examinar en una cuenta antes de seguirla

- **Antigüedad** Total de tuits publicados.
- **Avatar** Cómo se representa el usuario.
- **Biografía** Cómo se define el usuario.
- **Diversidad** Variedad de tuits en el *timeline.*
- **Frecuencia** Ritmo de publicación.
- **Identidad** Reconocimiento del usuario en el mundo físico.
- **Listas** En qué listas está incluido y qué listas ha creado.
- **Vecindario** A qué usuarios sigue y quiénes le siguen.
- **URL** Sitio web o blog enlazado en el perfil.

Una condición necesaria para sacar rendimiento del tiempo que se le dedica a Twitter es escoger con acierto cuentas relevantes a las que seguir. Depurar y enriquecer esa selección de fuentes es una tarea permanente que puede asemejarse al trabajo de afinar un instrumento. Una vez más, cada decisión condiciona el resultado y afecta para bien o para mal a la calidad de la experiencia de cada usuario en la plataforma.

CONSEGUIR SEGUIDORES

El ideal (y en algunos casos, la obsesión) de los usuarios de Twitter es construir y hacer crecer una comunidad con la que interactuar en línea. Se trata de obtener seguidores que lean los mensajes, que los respondan, discutan, reenvíen o marquen como favoritos.

Los tres requisitos para conseguir seguidores de manera orgánica son: disponer de una identidad en línea bien resuelta, publicar regularmente mensajes de calidad que aporten valor a la comunidad y tomar decisiones acertadas acerca de a quiénes seguir.

Sólo los usuarios de Twitter que son famosos en el mundo físico pueden conseguir seguidores de manera instantánea, sin necesidad de seguir a nadie, aunque sus contenidos no sean de calidad.

Obtener nuevos seguidores es una meta permanente, pero debe conseguirse de manera progresiva, buscando siempre un equilibrio razonable entre la cantidad de usuarios que siguen a una cuenta *(followers)* y la cantidad de usuarios a los que esa cuenta sigue *(following)*. Los desequilibrios entre esas cifras reflejan claramente el tipo de usuario (en los extremos, un famoso o un *spamer*) y la filosofía con la que utiliza la plataforma.

Durante la fase inicial, como se ha indicado, la prudencia y la calma son los consejos básicos. Hay que comenzar gradualmente, sin prisas, publicando a diario pocos tuits pero de calidad, y dedicando tiempo a escuchar las conversaciones en marcha en el propio *timeline*, respetando el tiempo de los demás sin agobiarles con gran cantidad de actualizaciones seguidas.

En el fondo, no es muy diferente al modo en el que debería comportarse una persona educada cuando accede a un nuevo entorno social en el mundo físico. Escuchar, observar, aprender, respetar, colaborar, ser genuino y oportuno.

La publicación regular de mensajes de calidad que aporten valor a la comunidad es lo que finalmente engancha *(engagement)* a nuevos usuarios y lo que va definiendo (más allá de la biografía) la identidad percibida por la comunidad, es decir, la reputación.

CLAVES PARA CONSEGUIR Y CONSERVAR SEGUIDORES EN TWITTER

- Un perfil bueno, coherente y completo que, en la medida de lo posible, tenga referentes en línea fuera de Twitter (identidad contrastada).
- Actualizaciones frecuentes, pero no excesivas, sostenidas en el tiempo. Contenidos de calidad, bien escritos y que aporten valor a la comunidad.
- Diversificación de tuits, evitando un *timeline* monocorde que contenga sólo enlaces o conversaciones.
- Seguir a otros usuarios con criterio progresivamente, comenzando por las comunidades más próximas (compañeros de estudios o de trabajo, amigos, profesores, organizaciones y medios locales).
- Ocasionalmente intervenir, con sentido de la oportunidad, en conversaciones en curso relacionadas con aquellos temas sobre los que el usuario tenga conocimiento experto. Responder preguntas y consultas.
- Utilizar moderadamente las etiquetas *(hashtags)* para facilitar el descubrimiento de los mensajes propios acerca de temas que constituyan tendencias o búsquedas frecuentes. De igual modo, utilizar el recurso de las menciones a otros usuarios dentro del texto de los mensajes para llamar su atención.
- No dudar en reenviar (retuitear) los mensajes más intere-

santes de otros usuarios, pero no hacerlo de modo compulsivo para evitar el *timeline* monocorde.

- Identificar y seguir a los prescriptores de los campos de interés propios (personal, profesional y geográfico).
- Crear dos o tres listas (veinte es el máximo permitido) bien perfiladas y coherentes relacionadas con los ámbitos de interés y experiencia del propio usuario.
- Sólo cuando se disponga de un perfil completo (varios tuits publicados a lo largo de días sucesivos) y un número equilibrado de seguidores y seguidos (por ejemplo, de dos cifras), comenzar a darle visibilidad a la cuenta en las otras redes sociales en las que participe el usuario, así como en su blog y en la firma de correo electrónico.
- Participar en eventos formales e informales de las comunidades locales de bloguers y tuiteros, y si es posible en algún evento de ámbito nacional. Conocer en el mundo físico a los miembros de las comunidades en línea *(desvirtualizar)* contribuye a fortalecer los vínculos, a descubrir a nuevos usuarios y a dar a conocer la propia identidad.
- Evitar quejarse por tener pocos seguidores. No solicitar ser seguido, no mencionar nunca para bien ni para mal la cantidad de seguidores de la propia cuenta, ni el número de nuevos seguidores necesarios para llegar al siguiente hito que el administrador de la cuenta se haya marcado.

Cada usuario de Twitter decide según su propio criterio a quién seguir y a quién dejar de seguir, y por qué razones hacerlo. El administrador de una cuenta sólo debería preocuparse por aportar valor al *timeline* y no malgastar su energía intentando comprender, en cada caso, por qué le siguen o por qué han dejado de seguirle. Los usuarios más avanzados pueden estudiar tendencias a lo largo del tiempo para reajustar su estilo, contenidos o frecuencia cuando hayan detectado desequilibrios constantes (Anexo D. Recursos/Estadísticas y Seguidores).

Como ocurre en todas las redes sociales, también en Twitter importan más la calidad de los vínculos y de las conversaciones que la cantidad de seguidores.

CREAR LISTAS

Una experiencia lógica de los usuarios que siguen las actualizaciones de más de un centenar de cuentas es la sensación de impotencia ante el vértigo que va adquiriendo el *timeline*. Así como al bloguer le afecta «el síndrome del próximo post» (la ansiedad ante lo que publicará a continuación), al tuitero le acecha de forma permanente «el síndrome de lo que me estaré perdiendo» (la ansiedad ante las actualizaciones que no está leyendo).

Las listas son conjuntos de cuentas organizadas con un criterio que permiten al usuario que las crea rescatar del flujo de las actualizaciones generales de sus seguidos, las contribuciones de aquellos autores que más le puedan interesar en cada momento: los familiares, los compañeros de trabajo, los colegas de profesión, los prescriptores de un sector, los principales tuiteros de la ciudad, los medios de comunicación o sus periodistas favoritos.

Cada lista genera su propio *timeline* que tiene un ritmo diferenciado del *timeline* general, por lo que permite una consulta segmentada de los contenidos y libera al usuario del seguimiento constante del flujo general de actualizaciones. El usuario escoge las listas que va a consultar en función de sus necesidades informativas de cada momento.

Además de crear listas, el usuario también puede seguir las listas públicas creadas por otros autores, así como monitorizar las de terceros en las que ha sido incluido.

Los expertos y prescriptores de cada sector suelen ser buenos curadores digitales, por lo que explorar sus listas resulta un modo eficaz para localizar nuevas cuentas a las que seguir.

Incluir a un usuario en una lista no exige seguirlo *(follow)* pero tanto el nombre de la lista como su inclusión en ella son datos públicos a los que el usuario en cuestión tiene acceso. Cuando en lugar de una lista pública se trate de una lista privada, el usuario incluido no detecta que ha sido listado.

Si un usuario se encuentra incluido en una lista que le desagrada (ya sea por la autoría de la cuenta que administra la lista, por los usuarios listados o por el nombre de la lista) puede bloquear al autor de la lista para desaparecer de ella.

Existen buscadores, directorios y *rankings* de listas, así como aplicaciones para generar nuevas listas más allá del límite de veinte establecido por Twitter (cfr.: Anexo D. Recursos/Listas).

RECOMENDACIONES PARA LA GESTIÓN DE CUENTAS PERSONALES

Twitter es una plataforma de comunicación pública, y todo lo que se publica en ella (salvo el caso de las cuentas protegidas y los mensajes directos) puede ser leído por cualquier usuario, publicado en los medios de comunicación y ser indexado por Google y por otros buscadores especializados (Anexo D. Recursos/Buscadores).

Las actualizaciones de cualquier usuario de una cuenta pública pueden ser leídas por el resto de los usuarios de la plataforma, aunque no sigan a la cuenta en cuestión: desde el perfil del usuario, desde la fuente RSS de la cuenta, o desde una lista pública o privada.

En este sentido, se aplican a Twitter todas las consideraciones propias de la comunicación pública referidas a la protección de la intimidad, identidad y marca, buena fama, presunción de inocencia, confidencialidad y atribución de fuentes, entre otras.

De manera específica, Twitter ofrece el servicio sólo a mayores de trece años y detalla sus condiciones de servicio (http://twitter.com/tos) y política de privacidad (http://twitter.com/privacy).

Hay que tener presente que los mensajes, una vez publicados, no pueden ser editados (sólo borrados por sus autores). En consecuencia, además de proceder con calma como se ha indicado, es recomendable también obrar con prudencia y sentido común.

PRECAUCIONES AL UTILIZAR TWITTER

- Recordar que los mensajes de una cuenta pública pueden ser leídos por cualquier usuario de internet, incluyendo familiares, parejas, amigos, compañeros y jefes actuales y futuros.
- Tener en cuenta que los mensajes de una cuenta pública pueden ser publicados en los medios de comunicación.
- Evitar la publicación de mensajes que afecten a la privacidad, intimidad, reputación y presunción de inocencia de terceros.
- Extremar el cuidado al retuitear mensajes de fuentes no contrastadas o noticias no confirmadas. Los rumores, al igual que los *memes*, también circulan de manera viral.
- Confirmar la autenticidad de las cuentas de famosos, organizaciones o marcas antes de comenzar a seguirlas. El sitio web oficial del artista, organización o marca, suele incluir un enlace a su perfil oficial en Twitter, por lo que es una buena fuente para confirmar la identidad de una cuenta.
- Extremar el cuidado al enviar mensajes directos (privados) como mensajes públicos por error.
- Abstenerse de informar acerca de domicilios particulares propios o ajenos, así como detalles sobre ausencias prolongadas o vacaciones.
- Cuando los mensajes aludan a información a la que se tiene acceso como empleado de una empresa o institución, es recomendable consultar la política de la organización referida a las acciones de comunicación pública de su personal.
- Los usuarios vinculados profesionalmente a cualquier tipo de organización deben extremar las precauciones al tuitear acerca de ella o acerca de los valores que la organización representa o defiende.
- Evitar el lenguaje soez, la procacidad, los comentarios sexistas, racistas u ofensivos hacia minorías, creencias religiosas o ideologías.
- No tuitear nunca bajo estados alterados, ni mientras se esté al volante.

- Recordar que ni los seguidores, ni los *amigos* (usuarios que se siguen recíprocamente) son estrictamente amigos del autor. La *amistad* en las redes sociales es sólo un acuerdo transitorio para compartir información. Además, en Twitter el seguimiento de una cuenta pública no requiere la autorización de su administrador.
- Como ha ocurrido con todas las aplicaciones sociales de internet a lo largo de su historia, en Twitter también hay *trolls* (usuarios que se dedican a incordiar) y *spammers* (usuarios y cuentas automatizadas que se dedican exclusivamente a publicar enlaces hacia su propio sitio web). A los *trolls* hay que ignorarlos y eventualmente bloquearlos, y a los *spammers* hay que bloquearlos y denunciar sus cuentas.
- Evitar el uso de aplicaciones de terceros que soliciten acceder a la propia cuenta, salvo las que utilicen autenticación mediante el protocolo *OAuth*. En cualquier caso, es recomendable revisar periódicamente el listado de las aplicaciones a las que se ha autorizado el acceso para cancelarlo si fuera menester (Configuración/Conexiones).
- Twitter, al igual que los blogs y otras aplicaciones sociales, puede resultar adictivo por el consumo permanente de información y novedades, la búsqueda de gratificaciones instantáneas (en forma de menciones y retuits) y la exposición constante de la propia vida (exhibicionismo, narcisismo) que conlleva. Es recomendable poner límites al tipo de información que se comparte, a las horas que se dedican a la plataforma y a los lugares y momentos escogidos para revisar y actualizar la cuenta desde dispositivos móviles.

En función del tipo de contenidos que se quieran compartir en Twitter, así como del tipo de usuarios con los que se desee interactuar, hay que decidir cuándo es mejor utilizar un mensaje directo en lugar de una actualización pública, y cuándo es mejor plantearse una cuenta protegida en lugar de una cuenta abierta.

10 curiosidades de Twitter

1. Un mismo tuit produce *unfollows* y retuits.
2. Los mismos usuarios que se quejan de que los demás pretendan imponer normas de uso proclaman las suyas.
3. Los usuarios que comenzaron anunciando sus posts en Twitter acabaron publicando sus tuits en el blog.
4. Aunque sirve para escribir lo que uno está haciendo, lo más interesante es leer lo que están haciendo los demás.
5. La cantidad de retuits que recibe un tuit resulta inversamente proporcional a lo esperado.
6. Nunca había sido necesario leer tanto para escribir tan poco.
7. Cuando Twitter está caído a uno se le ocurren las cosas más interesantes.
8. Justo cuando se restablece el servicio, a uno no se le ocurre nada que decir.
9. Cuando uno aprende para qué sirve, ya no sabe cómo salir.
10. Si tuviera más de 140 caracteres no sería tan bueno. Y si tuviera menos, tampoco.

3. CLAVES DE LA ESCRITURA EN 140 CARACTERES

ENCONTRAR LA VOZ PROPIA

Aunque abrir una cuenta en Twitter debería presuponer una decisión sobre el enfoque que se le pretende dar a la presencia personal o profesional en la plataforma, lo cierto es que lleva tiempo, como en cualquier otra modalidad de escritura, descubrir el tipo de registro en el que cada autor se siente más cómodo y resulta más fecundo.

Formar a escritores consiste en buena medida en ayudarles a encontrar y perfeccionar su propia voz, y la única forma de hacerlo es escribiendo, corrigiendo y volviendo a escribir.

Twitter es la escuela de la escritura breve. Leyendo y escribiendo tuits, al final se acaba descubriendo si es una plataforma adecuada o no para el propio estilo, y qué tipo de mensajes son los que mejor se ajustan al perfil de cada usuario.

Hay autores que son muy buenos compartiendo y anotando enlaces de calidad, otros lo son informando acerca de lo que ocurre a su alrededor o expresando sus opiniones, hay usuarios que tienen un talento indudable para los pensamientos originales o divertidos, y hay quienes son auténticos campeones de la conversación y todo su *timeline* se compone de respuestas e interacciones con otros.

Escribiendo regularmente tuits, el usuario descubre al cabo del tiempo cuál es el rasgo dominante de su voz: la queja, el consejo, la ocurrencia, la pista, el apunte, la ironía, la protesta o la pregunta. El repaso periódico al propio *timeline* sirve para detectar los registros dominantes, los días y las horas más prolíficas y también las más arriesgadas.

A diferencia de otros entornos de escritura, Twitter se caracteriza por ofrecer al autor el potencial de la respuesta en tiempo real de la propia comunidad de lectores y, en este sentido, funciona como un frontón que devuelve amplificados tanto los golpes buenos como los malos, haciéndolos más evidentes.

Los seguidores activos de una cuenta constituyen un banco de pruebas permanente de la calidad de las contribuciones de un autor. El silencio, la respuesta, el retuit o la marca como favorito, constituyen los ecos de la escritura en Twitter. Estos mecanismos de retroalimentación propios de la plataforma van dando pistas al autor acerca de los mejores días y las mejores horas de publicación, del tipo de mensajes que tienen mayor capacidad para resultar virales, de los que generan polémicas y de los que motivan conversaciones y contribuciones de calidad que, prolongadas en el tiempo, terminan por convertirse en *memes*.

Algunos usuarios tendrán que crear su voz propia, porque tal vez nunca hayan escrito con regularidad en un espacio público, otros tendrán que descubrirla, porque quizá posean un talento oculto u olvidado, y todos tendrán que mejorarla, ya que una mayor calidad de las contribuciones atraerá más y mejores seguidores.

BREVEDAD Y CORRECCIÓN ORTOGRÁFICA

El desafío que plantea Twitter consiste en escribir con una sintaxis y ortografía correctas anotaciones que no excedan los 140 caracteres.

La limitación de 140 espacios no debería ser una excusa para la mala escritura, al menos para un buen escritor o para quien aspire a serlo.

Twitter no es para la jerga SMS, las abreviaturas, los símbolos o la tipografía ornamental, salvo para fines experimentales o artísticos.

La brevedad no consiste sólo en restringir la escritura a 140 caracteres, también es limitarse a un solo tuit para comunicar el mensaje.

Si no se puede decir en un tuit, es mejor escribir un post. Pero si se puede escribir en un tuit, es mejor que decirlo en un post.

Cada una de las cinco frases anteriores contiene menos de 140 caracteres. No hay que percibir la brevedad a la que están sometidos los textos en Twitter como una limitación a la profundidad de la escritura.

Existe una amplia tradición de escritura breve que se extiende desde los versículos de la Biblia, los aforismos, las greguerías, los haikus y el refranero hasta los titulares periodísticos. Las restricciones materiales siempre han inspirado a los artistas de todas las disciplinas obligándoles a sacar lo mejor de sí mismos. Además, hay que tener en cuenta que algunas de las cosas más importantes que se dicen o que se escuchan a lo largo de toda la vida, caben en menos de 140 caracteres.

En el caso de Twitter, los 140 caracteres constituyen una frontera que exige a los usuarios no solamente ajustar con precisión su escritura, sino también afinar su modo de pensar y de observar la realidad.

Para escribir textos buenos y breves hay que pensar más y corregir mucho; hay que conocer mejor la propia lengua y aprender la alquimia y la música de las palabras cuando se juntan.

La brevedad de los textos es también una muestra de respeto hacia el tiempo y la atención de los lectores en un entorno como la red, en el que están sometidos a una demanda constante. Por eso, parafraseando a Napoleón, el adagio de la escritura breve bien podría formularse como «Escríbelo despacio que los lectores tienen prisa».

EDITAR ANTES DE PUBLICAR

En la medida en que los tuits, una vez publicados, no se pueden editar (sólo pueden ser borrados por su autor) y ante la exigencia de ajustar el texto a 140 caracteres, conviene acostumbrarse a realizar una edición previa de los mensajes orientada a:

- **Refinar** la redacción para mejorar la sintaxis, la simplicidad y la claridad del mensaje.
- **Corregir** la ortografía y las erratas.
- **Comprobar** datos, fechas y nombres en caso de dudas.
- **Ajustar** el texto a 140 caracteres (aunque para obtener retuiteos es preferible mantenerse en 134, menos el número de caracteres que contenga el nombre de usuario).
- **Valorar** la necesidad de incluir alguna fuente, referencia o etiqueta para aportar contexto y evitar malentendidos.
- **Analizar** las posibles repercusiones del mensaje.

La edición previa, una vez que se ha adquirido el hábito de realizarla, es una tarea que se puede resolver con bastante rapidez y que conviene acometer siempre que se trabaje en plataformas de comunicación pública.

Es recomendable utilizar un programa de edición de texto (que incluya corrector ortográfico y cálculo de caracteres con espacios), o en dispositivos móviles, un cliente Twitter con función de guardar borradores.

En marcadores del navegador conviene tener guardados los enlaces correspondientes a:

Diccionario de la lengua española
http://buscon.rae.es

Fundación Español Urgente
http://www.fundeu.es

En el caso de usuarios y cuentas de gran visibilidad en el mundo físico (empresas, instituciones, cargos públicos, famosos y periodistas) y siempre que la base de seguidores sea significativa, la edición previa es sencillamente un acto de responsabilidad.

DIVERSIFICAR EL CONTENIDO Y EL HORARIO

A pesar de que, como se ha indicado, la cuenta de Twitter debería tener enfoque (decisión acerca de lo que se va a compartir) y equilibrio (entre contenidos personales y profesionales), es recomendable diversificar el tipo de tuits que se publican a lo largo del día y eventualmente extender el ámbito de los temas abordados. Siguiendo esta estrategia se consigue mejorar la experiencia de los seguidores y ampliar su número.

Los usuarios de Twitter hispanohablantes tienen lectores potenciales en toda América y en España, distribuidos en ocho husos horarios diferentes. En consecuencia, una buena planificación de tuits a lo largo del día debería contemplar un *prime time* local y un *prime time* transatlántico. Para comparar diferencias horarias entre países y calcular los momentos idóneos de publicación puede utilizarse:

World Meeting Planner
http://www.worldtimeserver.com

Una vez establecidas al menos dos franjas horarias de publicación, pueden distribuirse entre ellas los cinco tipos básicos de tuits:

- **Enlaces** Mensajes que contienen un hipervínculo.
- **Respuestas** Réplicas y conversaciones.
- **Reenvíos** Retuits nativos (en el cliente web oficial) y orgánicos (practicados por los usuarios e implementados en las aplicaciones de terceros).
- **Autobiográficos** Vida y proyectos del autor. Testimonios de eventos presenciados.
- **Opiniones** Puntos de vista personales, ideas, ocurrencias, preguntas, frases y citas.

El análisis de la frecuencia de estos tipos de tuits en el *timeline* de cualquier usuario revela claramente su perfil, por lo que se convierte en un recurso idóneo para decidir si seguir o no sus actualizaciones. Analizar el propio *timeline* con estos criterios dará elementos de juicio para mantener o corregir la diversidad de mensajes que se publican.

UTILIZAR ENLACES Y ETIQUETAS

Uno de los grandes problemas derivados de la inmediatez, de la brevedad y del modo de difusión y consumo de los mensajes de Twitter es el riesgo permanente de descontextualización.

Aunque los usuarios tienden a consumir los mensajes en tiempo real, los contextos y presupuestos de escritura y lectura tienden a ser divergentes. Las respuestas *(replies)* y los mensajes directos (DM) suelen utilizarse como mecanismos para reducir la entropía de los mensajes ambiguos. La conversación generada a propósito de un mensaje inadvertidamente o intencionalmente ambiguo sirve como contexto de lectura, pero se circunscribe a los usuarios que sigan en común a los interlocutores.

Como consecuencia, es frecuente que en Twitter se produzcan situaciones próximas a las del juego del «teléfono descompuesto» en el que un mensaje se va distorsionando progresivamente a medida que lo transmiten nuevos interlocutores.

Ante la falta de contexto de los mensajes, los dos recursos con los que cuentan los usuarios son los enlaces de hipertexto y las etiquetas *(hashtags)*.

Los enlaces de hipertexto (debidamente reducidos mediante acortadores de URL para economizar espacio) permiten que el autor comparta con sus lectores una referencia que complete el sentido de su mensaje. Ahora bien, los enlaces también requieren contexto: no hay que obligar al lector a hacer clic a ciegas. Un enlace siempre debería ir acompañado de una pista que indique la naturaleza (noticia, columna) o el formato (PDF, vídeo) del destino.

En ocasiones, si la URL no resulta demasiado extensa, puede resultar conveniente mantener el enlace original sin acortarlo ya que suele ser significativo respecto a la autoridad de la fuente a la que remite o a la naturaleza del asunto.

Las etiquetas (o *hashtags*) son palabras precedidas del signo # (almohadilla o numeral) y sirven para indicar el tema o evento al que se refiere un mensaje, su pertenencia a un *meme*, el destino o el contexto del mensaje. Por ejemplo:

- **etiquetas de temas**: #empleo, #medios, #mineros (rescate de los mineros chilenos 13/10/10), #periodismo, #recetas, #redessociales, #terremotochile (terremoto del 27/2/10), #TwitterTips (trucos de Twitter).
- **etiquetas de eventos**: #barcamp (desconferencias), #EBE (Evento Blog España), #gastronav (Encuentro de Bloguers Gastronómicos Reyno Gourmet), #iRedes (Congreso Iberoamericano de Redes Sociales).
- **etiquetas de *memes***: #FF *(Follow Friday)*, #frasesdemarrones (humor), #lanuevanoticia (comunicación), #yoconfieso (revelaciones).
- **etiquetas de destino**: #in o #li (compartir en LinkedIn), #fb (compartir en Facebook).
- **etiquetas de contexto**: #estonopuedeser, #historias_renfe (anécdotas de viajeros en tren), #lunes, #meintereso, #nowplaying (música), #olvidos, #palabrasquemolan, #recomendar, #todopasaporalgo, #vayadia.

Lo ideal es que la etiqueta sea de extensión breve y de significado evidente. Es preferible situarla al final del tuit. Existen buscadores y diccionarios de etiquetas, cuyo uso se recomienda antes de crear una nueva (Anexo D. Recursos/Etiquetas).

MARCAR FAVORITOS

Un buen modo de mejorar la escritura consiste en estudiar la buena escritura de los demás. La lectura del flujo permanente de mensajes deja a diario algunas perlas que merecen ser conservadas. La opción de marcar un mensaje como favorito sirve para rescatar tuits del vértigo del *timeline* y poder volver sobre ellos en otro momento y con más calma.

Pueden marcarse como favoritos tuits divertidos, profundos, históricos o que contengan enlaces para revisarlos posteriormente con detenimiento.

Las recopilaciones periódicas de tuits que se publican en algunos blogs (como http://www.ecuaderno.com/tag/vida140/) se elaboran, precisamente, a partir de los mensajes marcados como favoritos.

La función de favoritos también puede utilizarse para marcar aquellos mensajes propios particularmente inspirados, y así facilitar su localización y posterior uso (en una publicación, conferencia o clase).

RETUITEAR

Reenviar el mensaje de un tercero para compartirlo con los seguidores propios fue una de las primeras tradiciones acuñadas por los usuarios de Twitter.

Inicialmente, como ocurrió con casi todas las funciones de la plataforma, los retuits se realizaban de forma manual (retuits orgánicos) y posteriormente fueron incorporados al cliente web oficial (retuits nativos), aunque sin la opción de editar el mensaje original, por lo que también se les llama retuits automáticos.

Como reza el adagio de @allendegui: «Tuitear es humano. Retuitear es de sabios». Ocurre que además de la tradición, hay una técnica y una etiqueta asociados al reenvío de mensajes. Retuitear supone ejercer una función de curador digital que requiere poner atención en el flujo de mensajes del *timeline* y destacar lo más relevante, original o divertido para compartirlo con la propia comunidad.

Retuitear es un modo de reconocer las contribuciones de los demás y también de premiarlas solicitando para ellas la atención de otros usuarios. El retuit es una de las razones de la extraordinaria viralidad que confiere la plataforma a determinados mensajes, *memes* y noticias.

El reenvío es una forma de conversación en la que se envía un doble mensaje: al autor original se le hace saber mediante una mención que su contenido es relevante, y a los seguidores de la propia cuenta se les hace saber que hay un contenido ajeno al que merece la pena prestar atención.

La técnica del retuit tiene que ver con la dificultad de compartir contenidos de terceros en un espacio limitado a 140 caracteres en el que además hay que descontar los correspondientes al marcado del retuit (esquema: RT(espacio)@usuariooriginal:(espacio) Tuit original). El retuit ocupa seis espacios, más los que correspondan a la longitud del nombre de usuario del autor original. En consecuencia, para facilitar que los mensajes propios sean retuiteados, es conveniente escoger, al darse de alta, un nombre de usuario breve y limitar la extensión de los mensajes a 134 caracteres, menos los que correspondan al nombre de la propia cuenta.

RETUITS EDITADOS

Los retuits orgánicos pueden realizarse de modo manual en el cliente web oficial, aunque resulta más cómodo utilizar la función de «editar antes de enviar» o similar, habitualmente disponible en el resto de los clientes.

La edición de mensajes de terceros previa a su reenvío tiene básicamente tres finalidades: acortar el texto para ajustarlo al espacio disponible, corregir erratas, o bien añadir un comentario u observación al tuit original.

El ajuste de la extensión del texto no debería afectar sustancialmente al mensaje original, ni transformarlo en un conjunto de abreviaturas incomprensibles. Bastará eliminar algunas palabras con criterio (por ejemplo: «Publico en el blog», «Me interesó») o algunas etiquetas que no resulten necesarias (por ejemplo, las etiquetas de destino). Si hubiera que realizar demasiadas alteraciones en el texto original, puede utilizarse el esquema MRT @ usuario *(Modified Retweet)*, aunque es preferible escribir un nuevo tuit y utilizar al final del texto el esquema: /vía @usuario.

Debido a la velocidad con la que se consume el *timeline* y a la llegada constante de usuarios inexpertos, hay que extremar el cuidado al retuitear mensajes que contengan formas verbales en primera persona singular, ante el riesgo de que tales acciones se atribuyan por error al usuario que retuitea.

La corrección de pequeñas erratas es un gesto de generosidad para con el autor del mensaje original, ya que al mismo tiempo que se amplifica el alcance de su tuit se evita ponerlo en evidencia ante la propia comunidad por errores habituales en un entorno de escritura rápida.

El retuit comentado tiene como condición básica la necesidad de una clara distinción entre el contenido del mensaje original y la observación añadida por el usuario que lo reenvía. Los esquemas más comunes son:

Comentario RT @usuario: Tuit original
RT @usuario: Tuit original [Comentario]
RT @usuario: Tuit original //Comentario

Existen herramientas para la búsqueda y monitorización de tendencias en retuits (cfr.: Anexo D. Recursos/Retuits).

Buscando inspiración para escribir en Twitter

Blogs Destacar o comentar anotaciones publicadas en blogs, tanto las más populares (http://bitacoras.com) como los nuevos descubrimientos.

Búsquedas Monitorizar palabras clave referidas al propio ámbito de interés para detectar contenidos relevantes.

Cine Evitar los *spoilers*, pero compartir novedades sobre estrenos, tráilers y críticas.

Conversaciones Participar en conversaciones en marcha sobre asuntos de los que se tenga conocimiento experto u opinión formada.

Buscando inspiración para escribir en Twitter

Efemérides Recordar eventos históricos significativos para la propia comunidad.

Enlaces Compartir enlaces comentados a textos, vídeos, sitios o recursos interesantes.

Experiencias Contar vivencias propias de manera original: describir y simplificar.

Fotos Apoyar visualmente algún episodio cotidiano (un cartel, un plato o un regalo).

Frases No abusar del refranero, pero ocasionalmente compartir una cita oportuna.

Lecturas Compartir, comentar y recomendar lecturas interesantes.

Memes Iniciar o participar en un *meme* utilizando etiquetas; RT las mejores aportaciones.

Música Compartir y comentar enlaces a temas o a listas de reproducción.

Noticias Narrar eventos en los que se participa; comentar noticias del día.

Redes sociales Comentar experiencias en redes sociales, situaciones insólitas o divertidas.

Televisión Comentar programas de televisión durante su emisión.

Tendencias Escribir sobre los temas del momento *(trending topics)*.

Viajes No tuitear al volante, pero contar experiencias vividas en los trayectos cotidianos.

Véase también: «Herramientas y recursos para buscar información y obtener ideas para historias» (http://bit.ly/inspirarse).

4. ETIQUETA Y CONVENCIONES DE UN NUEVO MEDIO

TRADICIÓN Y COMUNIDADES EN INTERNET

Una de las consecuencias más importantes de la adopción social de nuevas tecnologías es la transformación de la cultura. Este aspecto revolucionario de la tecnología es lo que Marshall McLuhan subrayó en «El medio es el mensaje», primer capítulo de *Understanding Media* (1964), donde sostiene que el mensaje son las consecuencias y los efectos personales y sociales del medio: el cambio de escala, de ritmo o de patrón que el medio introduce en la sociedad.

Además de su impacto cultural externo, cada nuevo medio desarrolla una cultura propia hacia adentro. En la historia de internet, el conocimiento adquirido por las comunidades de usuarios de cada una de sus aplicaciones, mucho antes de convertirse en manuales y tutoriales en formato libro, se codificaba en forma de preguntas y respuestas.

Las preguntas frecuentes (*Frequently Asked Questions* o FAQ) cobran una importancia creciente a medida que la velocidad de las innovaciones y el crecimiento exponencial de sus usuarios proyecta una carga de trabajo creciente sobre los primeros usuarios en adoptarlas. Las preguntas de los novatos se repiten cada vez con mayor frecuencia, por lo que se hace necesario establecer sistemas que permitan sistematizar y compartir de una manera didáctica los aspectos instrumentales y también las pautas que rigen la vida de la comunidad de usuarios.

La primera etiqueta de internet *(netiquette)* es el documento *Netiquette Guidelines* (http://tools.ietf.org/html/rfc1855) de 1995, mediante el cual los usuarios expertos ofrecieron una primera codificación de pautas de conducta aceptable a los recién llegados.

El establecimiento de acuerdos culturales entre usuarios nunca ha sido un proceso carente de polémicas, y no siempre los acuerdos acaban sistematizados en documentos. Las comunidades desarrollan su cultura a medida que se van enfrentando con nuevos problemas, aunque las soluciones propuestas no sean necesariamente uniformes. Además, también es frecuente un discurso anarquista que reniega de cualquier tipo de norma bajo la pretensión de que se trata de espacios personales.

Este contexto dificulta, o directamente frustra, la llegada de nuevos usuarios deseosos de conocer y aprender las reglas del juego básicas de la comunidad a la que aspiran integrarse. Como todo el mundo, se ven abocados a aprender sobre la marcha, cometiendo errores y corrigiéndolos, e incluso estableciendo nuevas tradiciones.

Pero lo cierto es que a pesar de que se trata de espacios personales, Twitter es una plataforma de comunicación pública. Lo cierto también es que, mal que les pese a algunos, Twitter tiene reglas: *Reglas de Twitter* (http://support.twitter.com/articles/72688-reglas-de-twitter). Y lo cierto, finalmente, es que afortunadamente existen métodos más rápidos y seguros de aprender que el ensayo y el error. Ya existe suficiente codificación sobre Twitter como para seguir pretendiendo que se trata de un terreno salvaje en el que cualquier conducta resulta aceptable (cfr.: Bibliografía).

Un rasgo distintivo de la cultura de Twitter es que ha ido construyéndose como una apropiación gradual de la plataforma por parte de sus usuarios, muchas veces anticipando y otras en abierta contradicción con las implementaciones de sus promotores.

Los retuits, los mensajes directos y las etiquetas, por ejemplo, son el resultado de la adaptación de la plataforma a los usos consagrados por la comunidad de usuarios.

ESTILO Y CONTENIDO DE LOS TUITS

- Comenzar escuchando y completando el perfil.
- Contribuir a mantener un ambiente cordial.
- Aportar valor.
- Escribir con corrección.
- No abusar de las abreviaturas, ni usar el lenguaje SMS.
- Limitarse a 140 caracteres, evitando los acortadores de mensajes.
- Ajustar el contenido a un tuit, evitando fragmentar un texto en varios mensajes.
- Evitar la escritura en mayúsculas, salvo cuando corresponda.
- Ser personal, pero no demasiado.
- No publicar mensajes cuyo contenido no pueda ser público.
- Espaciar la frecuencia de publicación para no saturar a los seguidores.
- No abusar de la autopromoción.
- Evitar *spoilers* (revelación de detalles de la trama y el desenlace de obras de ficción).
- No es imprescindible saludar al llegar, ni despedirse al marcharse.
- Calcular la susceptibilidad de los seguidores al abordar asuntos de índole sexual, política, deportiva o religiosa.
- No tuitear bajo estados alterados.
- No enviar mensajes de *spam*, y ayudar a combatirlo.

ETIQUETAS

- No abusar del uso de etiquetas en palabras comunes o que pueden ser objeto de búsquedas sin necesidad de marcas especiales.
- Utilizar las etiquetas al final del mensaje, cuando no se hayan podido integrar de manera natural en la redacción.
- Realizar una búsqueda antes de proponer una nueva etiqueta.
- Evitar el *spam* y el *off topic* sobre etiquetas populares.
- Monitorizar el funcionamiento de las etiquetas propuestas.

FOLLOW/UNFOLLOW

- No realizar *follows* masivos.
- Mantener cierto equilibrio entre seguidos y seguidores.
- No pretender ni exigir reciprocidad al seguir a un usuario. Twitter es una red social asimétrica.
- No alardear de seguidores.
- No obsesionarse con los *unfollows* recibidos; no pedir explicaciones, ni reclamar.
- No dudar en interrumpir el seguimiento de un usuario que satura el *timeline* o que no aporta valor.
- No anunciar un *unfollow* en público, ni tampoco en privado.
- No responder con un *unfollow* a un *unfollow* recibido.
- Para evitar la realización continuada de *unfollows*, es preferible monitorizar previamente a nuevos usuarios mediante una lista privada.

FOLLOW FRIDAY

- Recomendar a pocos usuarios cada vez y siempre con una justificación.
- Preferentemente recomendar a usuarios a los que se esté siguiendo.
- No repetir la misma recomendación cada semana.

- Usar la etiqueta #FF.
- No retuitear los #FF recibidos.
- No solicitar ser recomendado.
- No es necesario agradecer públicamente los #FF recibidos.

RETUITS

- No solicitar el retuiteo de un mensaje.
- No retuitear mensajes de cuentas protegidas.
- Si el mensaje original contiene una URL acortada, mantenerla (no sustituirla por una propia).
- Antes de retuitear un mensaje que contenga una URL, activar el enlace y comprobar el destino.
- Si el mensaje original contiene etiquetas bien asignadas, mantenerlas.
- Evaluar cuándo se justifica una edición mínima del tuit que se va a retuitear (salvar erratas o acortar el texto).
- No retuitear los mensajes propios en la misma cuenta.
- Al comentar un retuit, separar claramente el texto propio del ajeno (esquema: Comentario RT @usuario: Tuit original).
- Para retuitear un retuit encadenado se puede seguir el esquema: RT @primero Tuit original /vía: @último.

RESPUESTAS Y MENCIONES

- Recordar que una respuesta o un tuit que comience con @usuario sólo puede ser leído por los seguidores comunes de los interlocutores.
- Para que una respuesta o un tuit que comience con @usuario pueda ser leído por todos los seguidores propios, basta con incluir un espacio o un punto antes de @usuario.
- Evitar encadenar respuestas y convertir el *timeline* propio en una sesión continua de chat.
- Evaluar cuándo una mención a la propia cuenta requiere una respuesta y evitar provocaciones.
- Cuando se formulen preguntas, conviene retuitear algunas de las mejores respuestas recibidas.

- Un tipo habitual de mención puede seguir el esquema: Texto del tuit /cc: @usuario.
- No mantener en público conversaciones que deberían ser privadas.
- No utilizar las menciones para pedir a otro usuario que responda un correo electrónico.
- No realizar menciones masivas para enviar saludos.
- Evaluar cuándo es preferible enviar un mensaje directo en lugar de una respuesta pública.
- Para establecer vínculos con un usuario es preferible primero seguirlo, luego hacerle un retuit y sólo entonces una mención, ya que una mención como primer contacto puede resultar invasiva.
- Comprobar regularmente las menciones recibidas.

MENSAJES DIRECTOS

- Sólo es posible enviarlos a seguidores de la cuenta.
- Aprovechar su uso para las comunicaciones privadas que no deberían compartirse en el *timeline* público.
- Cuidar el envío por error de mensajes directos al *timeline* público.
- No solicitar un *follow* para poder enviar un mensaje (usar el correo electrónico).
- Evitar el envío automatizado de mensajes directos (por ejemplo, a nuevos seguidores).
- No abusar del intercambio de mensajes directos si puede sustituirse por correo-e o chat.
- Comprobar regularmente los mensajes directos recibidos.

ATRIBUCIÓN DE FUENTES

- Hacer referencia siempre a la fuente o al usuario de donde se ha tomado una información o una idea, o donde se la haya visto por primera vez.
- Utilizar el esquema: /vía: @usuario cuando no se opte por el retuit o no se localice el tuit original.

- Para atribuir la autoría de un texto publicado fuera de Twitter por un usuario de la plataforma, puede usarse el esquema: Título URL /por: @usuario.
- Utilizar el esquema: Gracias @usuario para reconocer una contribución o ayuda.

Las cualidades más valoradas en los medios sociales

Cristina Aced resume, en *Perfiles profesionales 2.0* (2010), las cualidades que más se valoran en la web social:

- Honestidad
- Confianza
- Solidaridad
- Gratitud
- Respeto
- Tolerancia
- Humildad
- Responsabilidad
- Autorregulación

SEGUNDA PARTE

LOS USOS AVANZADOS DE TWITTER

5. EL IMPACTO DE TWITTER SOBRE LAS ORGANIZACIONES

LA CONVERSACIÓN ESTÁ EN MARCHA

La red internet en general, y especialmente las aplicaciones sociales de la web, producen el efecto de disolver las fronteras espaciales y temporales que determinan las actividades e interacciones del mundo físico. El mundo virtual, que es real aunque no es físico, es un entorno en el que, gracias a la capilaridad de las redes, se producen interacciones entre personas, máquinas y objetos simbólicos mediante los que se crea una dimensión de la realidad que no está sometida a las coordenadas espacio-temporales en las que se inscriben las actividades y las instituciones del mundo físico.

Sobre la arquitectura distribuida de internet y la simetría de acceso al canal, la web despliega una multitud de aplicaciones sociales que permiten a cualquier usuario conectado hacer comunicación pública a escala global, en tiempo real y sin intermediarios.

Twitter añade al escenario de la web social el componente de la movilidad, conectando la brevedad y la sencillez de la mensajería desde dispositivos móviles a una plataforma social en la que los propios usuarios configuran las comunidades con las que desean interactuar.

Antes de que las organizaciones decidieran adoptar a Twitter entre sus canales de comunicación, los usuarios de Twitter ya estaban hablando sobre ellas. La conversación sobre las marcas, los productos, los servicios, las noticias, los personajes y las instituciones está en marcha, no está controlada por las organizaciones y no se puede detener.

En consecuencia, un primer nivel de impacto de Twitter sobre las organizaciones tiene que ver con el reconocimiento de la necesidad de escuchar y monitorizar la conversación acerca de la propia identidad, de la competencia y del sector.

HAY QUE PARTICIPAR, PERO NO DE CUALQUIER MANERA

El segundo nivel de impacto consiste en la apertura de un nuevo canal de comunicación para participar en la conversación. Cómo, quiénes, cuándo o para qué son algunas de las preguntas que se suceden en esta fase.

Twitter tiene que integrarse en la estrategia de comunicación de las organizaciones, con todo el rigor de un nuevo medio de comunicación, pero adaptando la táctica al lenguaje, al estilo y a la etiqueta que distinguen a Twitter de los otros medios.

Aunque son muchas las incertidumbres a despejar para explotar todo el potencial de la plataforma en las organizaciones, afortunadamente ya existen certezas suficientes acerca de lo que no funciona en ella. Twitter no es un canal más en el que reciclar la comunicación que ya se elabora para otros soportes. Twitter no es un canal *broadcast* unidireccional. En Twitter no funciona cualquier estilo.

Twitter son personas conversando con personas y creando vínculos con personas. Gente hablando, escuchando y respondiendo. Twitter es personal y es comunidad.

Como con todas las comunidades, también las de Twitter tienen sus códigos. Conviene aprenderlos y practicarlos antes de proyectar a una organización en la plataforma, ya que de lo contrario el efecto puede resultar devastador (cfr.: Primera parte).

Cualquier organización que se disponga a entrar en Twitter debe plantearse:

- **Enfoque personal** Las organizaciones tienen que poner a las personas a hablar.
- **Estilo conversacional** Las personas tienen que escuchar, responder y preguntar.
- **Transparencia** Las organizaciones deben estar dispuestas a ser más transparentes.

Cuando Twitter se usa bien, el resultado es que la organización consigue humanizar su identidad y hacerse cercana a sus públicos internos y externos.

TWITTER ABRE LAS ORGANIZACIONES

El tercer nivel de impacto, y el más profundo, se produce al reconocer que lo que realmente hace Twitter en las organizaciones es abrirlas.

La apertura es un efecto de las interacciones en red sobre las organizaciones: la red abre a las empresas, a los gobiernos, a las universidades, a las instituciones y a los medios. La red derriba en el mundo virtual los muros que protegen a las organizaciones en el mundo físico.

Equivalencias 2.0

Cultura 2.0: cultura abierta
Gobierno 2.0: gobierno abierto
Institución 2.0: institución abierta
Medio 2.0: medio abierto
Museo 2.0: museo abierto
Organización 2.0: organización abierta
Política 2.0: política abierta
Periodismo 2.0: periodismo abierto
Universidad 2.0: universidad abierta

Cómo se gestiona una organización abierta es algo que hay que aprender haciéndolo, pero requiere un cambio en la cultura organizacional acerca de todo: cómo se diagnostican los problemas, cómo se los resuelve, cómo se organizan las cosas sin jerarquías, cómo se relacionan las personas entre sí y con la información, cómo se usa la información para cambiar y cómo se articulan las relaciones entre los dos planos que integran la realidad: el mundo físico y el mundo virtual.

EL USO DE TWITTER EN LAS ORGANIZACIONES

Aunque los usos de Twitter no vienen predefinidos por la naturaleza de la plataforma, y los usuarios inventan constantemente nuevas formas de explotar su potencial, es posible establecer algunas de las funciones que el *microblogging* puede cumplir en el ámbito de las organizaciones y, en general, para usos profesionales.

- **Atención al cliente** Escuchar y responder a clientes actuales y potenciales, brindar asistencia y reforzar la fidelización.
- ***Branding*** Construir y expandir la imagen de marca y asociarla a un canal horizontal.
- **Comunicación externa** Distribuir información corporativa de manera no invasiva.
- **Comunicación interna** Mediante cuentas protegidas o con soluciones específicas como Yammer, agilizar la circulación de información dentro de las organizaciones.
- **Difusión y cobertura de eventos** Anunciar eventos en preparación y cubrirlos en directo, puede operar como *backchannel* de eventos.
- **Empleo** Difundir ofertas de empleo y monitorizar la demanda en el propio mercado.
- **Gestión de conocimiento** Compartir conocimiento hacia dentro y hacia afuera de la organización; divulgación de información relevante sobre el sector.
- **Gestión de crisis** Agilizar la respuesta de la organización

en situaciones de crisis, incluso cuando la emergencia afecte al acceso o al funcionamiento del sitio web corporativo.

- **Gestión de proyectos** Compartir información pública entre los integrantes de equipos de diseño, planificación y desarrollo.
- **Gestión de reputación** Anticipar situaciones de crisis gestionando con velocidad la retroalimentación suministrada en tiempo real por los públicos internos y externos.
- **Innovación** Mantener el contacto con los centros y expertos de referencia en el sector. Twitter es una factoría de ideas y una pasarela de buenas prácticas.
- **Investigación** Establecer *focus groups* virtuales y potenciar la generación distribuida de conocimiento *(crowdsourcing)*; detectar tendencias.
- **Marketing** Promover la marca y el lanzamiento de nuevos productos, eventos y campañas.
- **Monitorización** Escuchar la conversación acerca de la organización y del sector, analizar en tiempo real el comportamiento del mercado y de la competencia.
- ***Networking*** Establecer vínculos con el personal, proveedores, clientes, competidores y prescriptores, dando a conocer la filosofía y las acciones de la marca y descubriendo nuevos jugadores.
- **Ofertas y promociones** Anunciar ofertas de último momento y promociones especiales para los seguidores de la cuenta en Twitter; distribución de cupones.
- **Relaciones con la prensa** Publicar información relevante para los medios y seguir a los periodistas y medios que cubren el sector.
- **Relaciones Públicas** Gestionar las relaciones con la comunidad y los prescriptores de un modo no invasivo, incluso dedicando canales específicos.
- **Tráfico** Conducir tráfico hacia el sitio web corporativo, así como hacia las otras redes sociales utilizadas por la organización.

- **Ventas** Reforzar las acciones del portal de comercio electrónico.
- **Visibilidad** Mejorar el posicionamiento de sitios, artículos y términos referidos a la marca y al sector en una plataforma indexada en tiempo real por Google.

Al igual que muchas otras plataformas de medios sociales, Twitter puede contribuir de manera efectiva a la consecución de los fines de una organización si se gestiona de manera adecuada y si se controlan sus efectos secundarios, pero no es una herramienta milagrosa ni mágica.

RECOMENDACIONES PARA LA GESTIÓN DE CUENTAS CORPORATIVAS

Para la gestión profesional de cuentas de Twitter son estrictamente aplicables todas las precauciones indicadas en el capítulo 2 y las normas de etiqueta del capítulo 4, a las que se suman una serie de recomendaciones específicas para los casos en los que se gestione una cuenta en representación de una organización:

- **Establecer una guía** Hay que definir y fijar por escrito un estilo y una línea editorial que gobierne la proyección de la organización en los medios sociales, así como una política de comunicación pública sobre los asuntos corporativos para orientar la acción de los empleados en las redes sociales.
- **Utilizar clientes** Para la gestión profesional de cuentas de Twitter, es preferible utilizar clientes de escritorio y para móviles que ofrezcan más prestaciones que el cliente web oficial y que permitan la gestión de múltiples cuentas de manera simultánea.
- **Comenzar modestamente** Durante la fase inicial, hasta que se consigan aprender y dominar los códigos de la plataforma, es preferible mantener la presencia en Twitter con un perfil bajo y sin grandes acciones de promoción de la cuenta. Lo mejor es que sean los propios usuarios de Twit-

ter quienes vayan descubriendo la presencia de la organización y la comuniquen a sus seguidores de manera natural.

- **Diversificar los mensajes** Hay que procurar un equilibrio entre la difusión de la información corporativa, las conversaciones con otros usuarios y el aporte de valor mediante enlaces, noticias y referencias útiles acerca del sector.
- **Organizar la cobertura 24/7** Como en internet no hay hora de cierre, ni fines de semana, ni festivos, ni vacaciones, hay que organizar la monitorización y la presencia de la organización en Twitter de modo permanente. Las situaciones de crisis no se producen necesariamente durante el horario de oficina.
- **Evitar los contenidos automatizados** Twitter es un entorno de comunicación personal y conversacional en el que los contenidos automatizados funcionan mal. No es recomendable mantener una cuenta exclusivamente mediante una fuente RSS de noticias, ni enviar mensajes directos automatizados a los nuevos seguidores de la cuenta.
- **Utilizar con criterio la biografía, el avatar y el fondo** La cuenta de Twitter debe reflejar la identidad visual de la marca, que debe ser coherente con el estilo del sitio web corporativo y del resto de los perfiles en otros medios sociales. El fondo puede aprovecharse para personalizar el perfil con logotipos e información adicional de la presencia de la organización en otras redes sociales; el avatar debería ser una fotografía del administrador de la cuenta, y la biografía puede utilizarse para presentar su cargo dentro de la organización.
- **Crear una *landing page*** En el perfil puede configurarse un enlace que es conveniente dirigir a una página específica dentro del sitio web de la organización, diseñada para los visitantes que provienen de Twitter. Además de generar valiosos datos de analítica web, esta página puede presentar el resto de las cuentas de la organización en Twitter, así como sus perfiles en otros medios sociales.

- **Facilitar el reconocimiento de la cuenta** Los enlaces bidireccionales entre el perfil de Twitter y el sitio web de la organización son un modo efectivo de facilitar a los usuarios la comprobación del carácter oficial de la cuenta.
- **Identificar a los autores** Para los usuarios de Twitter es importante saber quién está detrás de una cuenta oficial, ya que es muy difícil hacerse amigo de una marca o conversar con ella. La biografía y el fondo son dos recursos válidos para identificar a los autores de los mensajes, quienes además pueden utilizar sus iniciales para firmarlos.
- **Establecer listas** Mantener listas completas y actualizadas de las cuentas de Twitter más representativas del propio sector, así como de todas las cuentas oficiales de la organización, es una manera de proyectar la propia autoridad sobre el ámbito correspondiente y de establecer vínculos con otras organizaciones usuarias de la plataforma.
- **Seguir a usuarios progresivamente y con criterio** Hay que procurar mantener un cierto equilibrio entre la cantidad de usuarios seguidos y la cantidad de seguidores. Una cuenta seguida masivamente y que no siga a nadie es una señal de desinterés por la conversación, y por el contrario, una cuenta que siga masivamente y que sea muy poco seguida es una señal de uso próximo al *spam*.
- **Adoptar un estilo conversacional** Cuando la cuenta de una organización retuitea con frecuencia, responde, pregunta y menciona a otros usuarios (algo que se detecta muy rápidamente con un vistazo a su *timeline*) está demostrando que no se gestiona de manera automatizada, que no es un robot y que está escuchando la conversación y participando en ella.
- **Evitar el *spam*** El estilo y la frecuencia de los mensajes pueden marcar la diferencia entre el *spam* y la comunicación corporativa bien resuelta. En cualquier caso, es preferible mantener en un umbral inferior al 20 % los mensajes cuyos contenidos sean claramente autopromocionales.

- **Ser transparente** Las organizaciones en Twitter se ven sometidas de manera constante al escrutinio del resto de los usuarios. Los seguidores de la cuenta, incluyendo a la prensa especializada, examinan todo lo que se publica y también los silencios de la organización en torno a asuntos sobre los que debería pronunciarse. Estar en Twitter significa renunciar a la posibilidad de esconderse durante una crisis y, en general, tener que dar la cara todo el tiempo y con buenas maneras.
- **No ser pesado** La recomendación más importante para una organización en Twitter, y que resume muchas de las anteriores, es «no ser pesado». No es una expresión muy académica, pero es precisa. Hay que mantener bajo mínimos los contenidos autopromocionales, potenciar la conversación y aportar valor a los seguidores de la cuenta.
- **Monitorizar** Finalmente, y al igual que se hace con cualquier otra acción de comunicación en canales tradicionales, hay que monitorizar de manera constante el impacto de los mensajes, el nivel de respuesta de los seguidores, el tráfico que la cuenta genera hacia el sitio corporativo, el crecimiento de la base de seguidores y la cantidad de clics obtenidos sobre los enlaces compartidos.

La presencia de una organización en Twitter tiene que responder a una estrategia global de comunicación, que se despliegue en el resto de los medios sociales y que se proyecte en las acciones en medios tradicionales. Aunque cada plataforma tiene su lenguaje, su estilo y su cultura, debe existir coherencia en el planteamiento de la estrategia comunicativa y deben buscarse las sinergias entre los diversos canales.

Comunicar la misión, los objetivos y las acciones de una organización en Twitter es mucho más complejo que hacerlo en medios unidireccionales; exige una gestión profesional seria y una dedicación prolongada, pero permite acercar las organizaciones a sus públicos internos y externos y a humanizar su identidad.

Pistas para gestionar una crisis de reputación en Twitter

Prudencia con lo que se publica Ante todo, hay que prevenir. Twitter es una plataforma de comunicación pública que debe usarse siempre con prudencia. Hay que cuidar el contenido que se publica y también el lenguaje que se emplea.

Reaccionar con rapidez y transparencia La monitorización permanente permite detectar las situaciones de crisis en el momento en el que surgen. No es aconsejable esconderse, ni permanecer en silencio. Hay que obrar con celeridad y dar la cara.

Corregir y pedir disculpas Una vez reconocido el error, hay que corregirlo y pedir disculpas. No basta solamente con borrar tuits, algo que, por el contrario, puede agravar la crisis.

Criterio a la hora de responder Hay que responder a algunos interlocutores, pero no a todos, no siempre, y nunca a los agresivos. Es recomendable evitar caer en bucles con los usuarios que pretenden monopolizar e incendiar el debate.

Uso del humor y de la ironía Dependiendo de la naturaleza del asunto que haya generado la crisis, hay que considerar la posibilidad de que el humor o la ironía puedan resultar estrategias oportunas.

6. ÁMBITOS DE USO AVANZADO DE LA PLATAFORMA

USOS EMPRESARIALES: MARCAS QUE APRENDEN A CONVERSAR

Las empresas que estén realmente dispuestas a conversar acerca de sus productos y servicios, y tengan una actitud franca, cercana y transparente, encontarán en Twitter una herramienta valiosa, pero muy exigente.

Para lograr que la comunicación funcione en un entorno conversacional basado en relaciones entre personas es necesario humanizar las marcas y ponerles nombres y rostros.

Proyectar a una empresa en Twitter exige una disposición a escuchar, aceptar y responder a las críticas, transferir con eficacia la retroalimentación de la red a los niveles de dirección y aportar valor al *timeline*.

Las empresas que mejor lo hacen en Twitter suelen dedicar tiempo, recursos y personal capacitado a sus cuentas. La comunicación en Twitter debe gestionarse con el mismo rigor que cualquier otro canal de comunicación, pero además con el exigente añadido de la interactividad uno a uno con los seguidores.

Las cuentas corporativas de mayor prestigio en la plataforma son aquellas en las que se nota la presencia de personas que escuchan, dialogan y aportan valor, utilizando un lenguaje fresco y cercano.

El modo ideal de gestionar una cuenta corporativa es desde dentro de la organización, aunque a veces es necesario establecer la estrategia y la implementación inicial de los medios sociales corporativos, subcontratando a una agencia especializada. En el caso de empresas alejadas del sector de la comunicación, la ayuda externa también debería incluir acciones de formación específicamente orientadas al personal que tendrá a su cargo la gestión de los medios sociales corporativos.

10 ejemplos de empresas en Twitter

- **@BancoSabadell** Banco Sabadell
- **@caprabo** Caprabo
- **@CocaCola_es** Coca-Cola España
- **@Fnac_ESP** Fnac España
- **@gallinablanca** Gallina Blanca
- **@iberia** Iberia
- **@IKEA_Spain** IKEA España
- **@movistar_es** Movistar España
- **@sanitas** Sanitas
- **@tcreativo** Territorio Creativo

Véanse también las listas: @ecuaderno/empresas y @ecuaderno/comunicacion-corporativa.

USOS INSTITUCIONALES: ORGANISMOS MÁS CERCANOS A LOS CIUDADANOS

Las instituciones, entendiendo que desempeñan una función de interés y en beneficio del público, pueden utilizar Twitter para monitorizar de modo más eficaz las demandas de sus respectivas comunidades de referencia, para explicar mejor su trabajo y para extender al entorno virtual los servicios que prestan en el mundo físico.

La publicidad de los actos de gobierno es uno de los principios básicos de los sistemas democráticos. Twitter puede utilizarse como un canal eficaz y veloz para hacer circular información institucional, acercando así los organismos a los ciudadanos.

Del mismo modo que las empresas tienen que comprender que no se trata de un nuevo canal para el *spam*, las instituciones tienen que asumir que Twitter no es una plataforma para la propaganda. Las redes sociales, en general, son entornos refractarios a los mensajes invasivos.

De manera creciente, las cuentas institucionales en Twitter constituyen una fuente de información regular para los periodistas y los medios de comunicación, quienes no solamente están atentos a lo que se publica, sino también a lo que debería publicarse y no aparece nunca o lo hace demasiado tarde.

El uso de Twitter exige a las instituciones el desarrollo de unos reflejos (gestión de los tiempos) y de unos estilos (gestión del lenguaje) que no se parecen en casi nada a las destrezas adquiridas para gestionar la comunicación institucional con los medios del pasado.

En organizaciones no gubernamentales, organismos internacionales e instituciones dedicadas a la promoción de causas de todo tipo *(advocacy)*, Twitter, integrado en la estrategia global de medios, comienza a perfilarse como un canal de referencia para la difusión de información crítica, lanzamiento de campañas, reclutamiento de voluntarios y organización de la ayuda internacional en emergencias y catástrofes.

10 ejemplos de instituciones en Twitter

- **@aenainformacion** Aeropuertos Españoles y Navegación Aérea
- **@camino_xacobeo** Camino Xacobeo
- **@casamerica** Casa de América
- **@CCCBLab** Lab del Centre de Cultura Contemporània de Barcelona
- **@cmtblog** Comisión del Mercado de las Telecomunicaciones

10 ejemplos de instituciones en Twitter

- **@Europarl_ES** Parlamento Europeo
- **@fundeu** Fundación Español Urgente
- **@ICEX_** Instituto Español de Comercio Exterior
- **@LaCasaEncendida** La Casa Encendida
- **@Red_Carolina** Fundación Carolina

Véanse también las listas: @ecuaderno/instituciones y @jlori/emergencias.

USOS POLÍTICOS: NUEVAS CAMPAÑAS ELECTORALES Y TRANSPARENCIA

Los cuatro mayores desafíos a los que se enfrentan los políticos a la hora de gestionar una cuenta en Twitter son: superar la transitoriedad de la campaña, evitar la propaganda, administrar personalmente la cuenta y ser transparentes. Por estas razones, hay tan pocas cuentas de políticos que se mantengan activas fuera de los períodos electorales.

Ante la creciente desconfianza de los ciudadanos hacia la clase política, una herramienta que aporte transparencia a su trabajo y cercanía con sus electores puede ayudar a revertir la situación.

Los políticos, los partidos y los gobernantes tienen en los medios sociales unos poderosos instrumentos para renovar los cauces de participación de los ciudadanos en la vida pública. Las redes, al permitir fenómenos del tipo «alquimia de las multitudes», en términos de Pisani y Piotet (2008), constituyen un laboratorio de innovación que así como se utiliza en los ámbitos empresariales y académicos, tiene que alcanzar también el terreno de la política y de la acción del gobierno.

El desarrollo de campañas electorales más próximas a las demandas reales de los ciudadanos y con propuestas más ajustadas a sus problemas cotidianos es un efecto de Twitter que va mucho más allá de su utilización como una mera plataforma complementaria de distribución de mensajes y consignas electorales.

Fuera de los períodos electorales, la gestión de gobierno en todos los niveles, así como la vida parlamentaria nacional, regional y local, encuentran en Twitter un eficaz aliado de la transparencia. Los ciudadanos comienzan a controlar el trabajo real de sus representantes de un modo hasta ahora impensable.

10 ejemplos de políticos en Twitter

- **@abasagoiti** Antonio Basagoiti
- **@ccifuentes** Cristina Cifuentes
- **@fabiolamorales** Fabiola Morales
- **@jorgemacri** Jorge Macri
- **@lourdesmunoz** Lourdes Muñoz
- **@maria_caballero** María Caballero
- **@patxilopez** Patxi López
- **@restrella2010** Rafael Estrella
- **@santiagocervera** Santiago Cervera
- **@sevillajordi** Jordi Sevilla Segura

Véase también la lista: @ecuaderno/comunicacion-politica.

USOS SOCIALES: MOVILIZACIONES Y REVOLUCIONES CIUDADANAS

Desde las protestas electorales de Irán en junio de 2009 hasta la revolución de los jóvenes de Egipto en enero de 2011, pasando por las revueltas de Moldavia en 2009 y la revolución de los jazmines en Túnez de diciembre de 2010, y mal que le pese a Malcolm Gladwell («Small Change. Why the revolution will not be tweeted», *The New Yorker*, 4/10/10), las revoluciones están siendo tuiteadas.

Si bien es cierto que ninguna tecnología por sí sola produce cambios sociales o políticos, también resulta evidente el papel que están jugando las redes sociales en el replanteamiento de las relaciones entre los ciudadanos y el poder.

En todos los procesos electorales desde la célebre campaña presidencial de Barack Obama de 2008, en todas las grandes protestas sociales desde las manifestaciones contra la cumbre del G-20 en Londres, de 2009, y en la sucesión de vertiginosas revoluciones que han tenido lugar desde 2010, las redes sociales han operado como un sistema sináptico que ha facilitado y propulsado la organización espontánea de los participantes y la difusión internacional de las acciones.

Twitter, que fue originalmente diseñado como un puente entre la mensajería SMS y la web, ha permitido que hasta los más modestos usuarios de la telefonía móvil convencional puedan hacer llegar su voz y sus imágenes a todo el mundo en tiempo real.

Incluso en países con un limitado o censurado acceso a internet, la combinación de los móviles con Twitter y la web está dibujando nuevos escenarios para los movimientos sociales y las revoluciones ciudadanas.

Ejemplos de cibermovimientos sociales

- **Argelia** Protestas de enero de 2011.
- **Colombia** Un millón de voces contra las FARC de febrero de 2008.
- **Cuba** Campaña #OZT tras la muerte de Orlando Zapata Tamayo desde febrero de 2010.
- **Egipto** Revolución de los jóvenes de enero de 2011.
- **España** Movimiento Red sostenible desde enero de 2010.
- **Irán** Protestas electorales de junio de 2009.
- **Libia** Rebelión de febrero de 2011.
- **México** Marcha de coraje, dolor y desagravio de febrero de 2010.
- **Moldavia** Protestas electorales de abril de 2009.
- **Túnez** Revolución de los jazmines de diciembre de 2010.
- **Yemen** Protestas de enero de 2011.

Véase también: «Activismo en medios sociales» http://bit.ly/ciberactivismo.

FAMOSOS EN TWITTER: NUEVOS CAUCES DE RELACIÓN CON LOS FANS Y CON LOS MEDIOS

Twitter contribuye de manera determinante a profundizar en los procesos de desintermediación iniciados con los blogs. Los artistas y los deportistas utilizan los medios sociales para comunicarse de manera directa con sus fans y seguidores, sin depender de la intermediación editorial ni de la frecuencia temporal predefinida de los medios de comunicación tradicionales.

La mayor cercanía con sus públicos también conlleva riesgos y plantea condiciones para un uso eficaz de Twitter entre las estrellas. La condición más relevante es la transparencia respecto a quién administra la cuenta, y el mayor riesgo es el derivado de la espontaneidad de una comunicación que tiene alcance global inmediato.

La comodidad asociada a la actualización de estados desde dispositivos móviles en cualquier circunstancia eleva las ocurrencias de los artistas a la condición de peligro potencial permanente para su propia imagen y para las organizaciones que representan.

RECOMENDACIONES PARA LA GESTIÓN DE CUENTAS DE FAMOSOS

- **Identidad** El perfil de la cuenta debería indicar con claridad quién administra el canal (en los casos en los que se alternen el interesado y su agente de prensa), los autores pueden firmar los tuits con sus iniciales.
- **Biografía** La biografía puede editarse periódicamente para comunicar a los seguidores la actividad que se está desarrollando en cada período (gira, concierto, rodaje, campeonato...).
- **Comunidad** Si bien la simetría seguidores/seguidos en el caso de los famosos es impracticable, al menos sus cuentas deberían seguir como mínimo a una cantidad de usuarios de tres cifras.
- **Conversación** Es recomendable incluir periódicamente respuestas y retuits, para no dar la imagen de una utilización unidireccional de un canal que es conversacional. Algunos famosos dedican un tiempo cada semana a responder a sus fans en Twitter.

- **Prudencia** Hay que recordar que, además de los fans, las cuentas de los famosos son minuciosamente monitorizadas por la prensa especializada del sector correspondiente. Aunque los tuits se pueden borrar, siempre hay seguidores lo suficientemente atentos y rápidos que habrán obtenido una captura de pantalla antes de la eliminación del mensaje.
- **Verificación** Aunque el procedimiento original de verificación de cuentas está transitoriamente suspendido hasta la eventual puesta en marcha de servicios avanzados de pago, un modo práctico de facilitar la verificación de la cuenta a los seguidores es mediante enlaces mutuos entre el perfil en Twitter y la página web oficial.
- **Exclusivas** Aprovechar el canal Twitter para dar a conocer periódicamente información exclusiva, primicias y otros contenidos y promociones diferenciados del resto de los canales mediáticos y sociales utilizados.

Un buen consejo de Luz Fernández apunta al carácter público de la plataforma y al tipo de vínculos que unen a los fans con los famosos, a quienes les recuerda: «Tus followers no son tus amigos, y Twitter no es tu casa» (http://bit.ly/famososentw).

10 ejemplos de famosos en Twitter

- **@AlexdelaIglesia** Álex de la Iglesia
- **@BoseOfficial** Miguel Bosé
- **@Buenafuente** Andreu Buenafuente
- **@Francisjmallman** Francis Mallmann
- **@JavierCapitan** Javier Capitán
- **@juanes** Juanes
- **@JuanGomezJurado** Juan Gómez-Jurado
- **@maldinisport** Julio Maldonado
- **@perezreverte** Arturo Pérez-Reverte
- **@rickyrubio9** Ricky Rubio

Para una lista de algunas cuentas de famosos verificadas por Twitter, véase: @verified/spanish.

USOS EDUCATIVOS: UNIVERSIDADES MÁS ABIERTAS

Los tres ámbitos principales de utilización de Twitter en las universidades son la comunicación institucional, la investigación y la docencia. La adecuada gestión de cuentas en esos tres frentes mejora la visibilidad y la imagen de marca de las instituciones educativas, y constituye una parte cada vez más relevante de las acciones de marketing, especialmente las orientadas a posgrados.

El uso de Twitter, y de otras redes sociales en línea, permite generar nuevas sinergias entre los miembros de una comunidad educativa, facilita la circulación de información, la organización de eventos, compartir recursos y sobre todo, proyecta y consolida las relaciones interpersonales una vez que se han terminado los estudios.

Comunicación institucional

La cuenta principal y sus versiones idiomáticas, las cuentas de los centros, de los programas de posgrado y de *alumni*, son excelentes vehículos de comunicación interna y externa de las universidades. Pueden utilizarse para informar acerca de actividades académicas y también para cubrirlas en directo, redireccionan tráfico hacia las noticias, los sitios web y los *microsites* correspondientes, difunden el calendario de eventos, anuncian la aparición de libros y publicaciones periódicas, convocatorias de congresos y becas, además de promocionar los contenidos propios publicados en otras redes sociales.

La universidad, como institución y más allá de sus edificios, es genuinamente una comunidad de profesores y alumnos que buscan juntos la verdad. Twitter contribuye a mantener y a fortalecer los vínculos tanto hacia dentro de las comunidades académicas como hacia los entornos en los que se inscriben (la ciudad, los campos del saber, los sectores profesionales y otras universidades).

Investigación

Las cuentas de profesores, investigadores, laboratorios y proyectos sirven como una buena herramienta de gestión de conocimiento y coordinación, al tiempo que contribuyen a la difusión social de los resultados de la investigación. La presencia en Twitter del claustro ayuda a proyectar la autoridad de los expertos sobre los temas de su competencia en la red y constituye un excelente canal de comunicación para extender las redes de contactos profesionales de los profesores.

El contenido de calidad (bien escrito, oportuno, exclusivo), que añade valor (enlaces útiles, documentos y noticias relevantes) y que además viene apoyado por el prestigio de la marca institucional, es uno de los factores determinantes para construir y expandir comunidades en línea en torno a la academia.

Docencia

Twitter puede utilizarse para mejorar la participación en clase y para proyectar el trabajo del aula más allá de sus muros; sirve para que los docentes compartan materiales y referencias con sus estudiantes y para que reciban retroalimentación de expertos de fuera de la institución (colegas y otros profesionales). El uso de la plataforma resulta ideal para el aprendizaje participativo de disciplinas que impliquen alfabetización digital, gestión de información en línea, escritura, periodismo digital, comunicación multimedia, documentación y análisis de fuentes.

Las cuentas de asignaturas, cursos y programas, especialmente de posgrado, ayudan a mejorar la comunicación entre docentes y estudiantes, y permiten mantener el contacto con antiguos alumnos. Las cuentas de estudiantes y de sus proyectos constituyen una fuente de estímulo y motivación, favorecen la competitividad y mejoran la visibilidad de su trabajo.

Twitter funciona especialmente bien con estudiantes de cursos de máster y de doctorado, cuando ya existen preferencias claras y emergen áreas de especialidad en las cuales los alumnos pueden comenzar a construir su identidad y su reputación profesional. Una cuenta bien gestionada incrementa la visibilidad de los futuros profesionales, les ayuda a posicionarse como expertos y mejora sus opciones competitivas en el mercado de trabajo.

10 ejemplos de universidades en Twitter

- **@AdriaCatedra** Cátedra Ferran Adrià
- **@GSPMgwu** George Washington University
- **@Harvard** Harvard University
- **@IBERO_mx** Universidad Iberoamericana
- **@IESEInsight** IESE
- **@NiemanLab** Nieman Journalism Lab
- **@UCLA** UCLA
- **@unav** Universidad de Navarra
- **@universia** Universia
- **@UOC_Universidad** Universitat Oberta de Catalunya

USOS PERIODÍSTICOS: UN SISTEMA DE ALERTA TEMPRANA Y UN FORMATO PARA COBERTURAS EN DIRECTO

De todos los sectores profesionales, y a pesar de sus reticencias iniciales, son los periodistas y los medios de comunicación quienes de manera más efectiva están utilizando Twitter.

Las tres funciones principales de Twitter para los medios de comunicación tienen que ver con su potencial para la identificación de fuentes, tendencias y noticias de alcance, con su dimensión de plataforma de publicación y, finalmente, como tema y contenido del medio.

Twitter como fuente informativa

- **Monitorización de tendencias y sistema de alerta temprana** Twitter puede utilizarse como una herramienta para detectar tendencias, noticias de último momento, accidentes y catástrofes, por lo que se ha convertido en un sistema de alerta temprana para los medios. Todas las noticias de alcance de los últimos años han aparecido inicialmente en Twitter, que además se ha convertido en un recurso de utilidad para contactar con testigos, obtener fotografías y relatos de primera mano, confirmar noticias y encontrar nuevas fuentes.

- **Monitorización de noticias en desarrollo** Una vez que la noticia está en desarrollo, Twitter suele asimilarla mediante el uso de etiquetas. Entre los usuarios asiduos de Twitter es frecuente encontrar enlaces a los mejores y peores tratamientos que tienen las noticias de alcance en medios y en blogs, críticas a los medios en función del tiempo que tardan en incluirla en sus portadas y, en general, supervisión de las coberturas de los medios sobre temas de actualidad. En este sentido, el seguimiento de Twitter puede ser una valiosa fuente para mejorar la calidad de las ediciones en línea y corregir errores.
- **Realización de entrevistas, consultas y encuestas** La inmediatez de Twitter le hace un medio especialmente idóneo para la recopilación de testimonios, experiencias, ejemplos y casos, así como para efectuar consultas y eventualmente entrevistas. En la medida en que la base de seguidores de la cuenta del medio sea más o menos extensa, Twitter constituye una magnífica herramienta para obtener retroalimentación sobre trabajos en curso, localización de fuentes y expertos, o incluso notas completas basadas en los testimonios de los usuarios de la plataforma.
- **Seguimiento de periodistas, expertos, medios y superusuarios** Una buena estrategia de utilización periodística de Twitter pasa por la adecuada selección de las fuentes relevantes que hay que seguir. Articular con eficacia una buena red en línea de medios especializados, fuentes oficiales y expertos se ha convertido en algo tan crítico como lo fue en su momento la agenda del periodista.

Twitter como plataforma de publicación

- **Cuenta del medio** La cuenta de Twitter del medio puede utilizarse para la publicación periódica no automatizada de los principales titulares, para señalar coberturas especiales, invitados destacados, nuevas secciones, debates en curso y cambios de diseño. Hay que cuidar la frecuencia de actualización para no abrumar a los seguidores.

- **Cuenta de la redacción** La cuenta de Twitter de la redacción sirve para informar sobre las decisiones editoriales, anunciar la preparación de notas o informes especiales, solicitar retroalimentación para un reportaje y, en definitiva, hacer más transparente el medio.
- **Cuentas de secciones** Sirven para segmentar la audiencia y responder de un modo más ajustado a las demandas de información específicas de diversos nichos. Estas cuentas siguen la lógica que en su momento impulsó el desarrollo de la oferta de fuentes RSS de las diversas secciones, aunque en este caso el contenido automatizado no resulta aceptable.
- **Cuentas de eventos** Para eventos recurrentes de gran repercusión (como por ejemplo: Champions League, Juegos Olímpicos, Mundiales de Fútbol, Elecciones, Fórmula 1 y Másters de Tenis), es recomendable la puesta en marcha de cuentas específicas para no saturar a los usuarios de las cuentas genéricas con gran cantidad de noticias de ámbitos muy acotados que pueden resultarles irrelevantes o incluso molestas.
- **Cuentas de periodistas** Todos los profesionales de un medio deberían estar presentes en Twitter con cuentas personales, en las que ocasionalmente pueden recogerse temas relacionados con el medio. La presencia activa en la plataforma es un modo de mantener abiertas las vías de comunicación con las fuentes y de construir la propia identidad y reputación en línea.

Twitter como tema y contenido

- **Formato de coberturas en directo** Twitter se ha mostrado como una plataforma particularmente eficaz para la cobertura en directo de eventos deportivos, procesos electorales, crisis políticas y catástrofes naturales. Gracias a los *widgets* y a las fuentes RSS, esos flujos de información basados en cuentas o en etiquetas se pueden ofrecer en la portada o las secciones especializadas de los medios en línea.

- **Curaduría de cuentas** Identificar a los usuarios de Twitter más relevantes por temas y difundir una lista pública con el respaldo del medio es una función de curaduría digital muy relevante que están asumiendo las cabeceras periodísticas en la red.
- **Corresponsales en Twitter** La presencia de corresponsales en Twitter, como Rick Sánchez, de CNN (@ricksanchezcnn), y Gabi Gregg, de MTV (@MTVTJ), es la evolución lógica de considerar a Twitter como otro ámbito informativo a cubrir.
- **Secciones especializadas** Twitter como tema tiene su reflejo en blogs y secciones específicamente dedicadas tanto a informar sobre la herramienta y sus aplicaciones como de las principales tendencias y noticias que se generan en su ecosistema.

10 ejemplos de medios en Twitter

- **@20m** *20 minutos*
- **@abc_es** *ABC*
- **@CNNEE** CNN en Español
- **@el_pais** *El País*
- **@elmundo_orbyt** *El Mundo en Orbyt*
- **@hemeroteca_lv** *La Vanguardia*
- **@la_informacion** *Lainformacion*
- **@lavozdegalicia** *La Voz de Galicia*
- **@muyinteresante** *MUY Interesante*
- **@guardian** *The Guardian*

El autor mantiene una lista de periodistas españoles en Twitter (@jlori/spanish-journalists) y una lista de medios (@jlori/medios). Para ver más ejemplos de buenas prácticas en Twitter, cfr.: Anexo B. Ejemplos de cuentas por sectores.

TERCERA PARTE

LA VIDA MISMA EN 140 CARACTERES

7. ANTOLOGÍA

Los mayores tesoros que depara Twitter a sus usuarios no se descubren al comienzo, ni tienen que ver con sus aplicaciones profesionales.

Lleva algún tiempo situarse en la plataforma, descubrir a quiénes seguir, adquirir la destreza de publicar regularmente buenos contenidos y conseguir seguidores suficientes y de calidad como para formar una comunidad valiosa.

Por otro lado, la utilización profesional de Twitter por parte de periodistas, estrellas, deportistas, empresas e instituciones, aunque ha cambiado la dinámica de circulación de información en la red, no agota el potencial de esta herramienta ni muestra su mayor atractivo.

Ocurre que, parafraseando a Jean-Luc Godard, Twitter es la vida misma a 140 caracteres por segundo. El *timeline*, ese flujo de mensajes que se escapa como arena entre los dedos, es también la propia vida que se marcha mientras se vislumbran, como en la caverna de Platón, los destellos de la vida de los demás.

Desde mayo de 2008 se publica en *eCuaderno* una recopilación mensual de los tuits más sugerentes, divertidos e insólitos que ha encontrado el autor al navegar. Auténticas perlas rescatadas para que no se pierdan en el *timeline* como las lágrimas en la lluvia de *Blade Runner*.

La serie *Twitter: la vida misma en 140 caracteres* (http://www.ecuaderno.com/tag/vida140/) se ha convertido desde entonces en uno de los contenidos más populares del blog y procura reflejar y estimular lo que se propone como *Slow Twitter*, un estilo de escritura breve que es profundo, inteligente, certero y humorístico.

El genuino tesoro de Twitter es ese chispazo de genialidad que todos los usuarios tienen en algún momento a propósito de lo que les ocurre por dentro o por fuera, y que algunos tuiteros han convertido en su seña de identidad.

Junto a la fugacidad, la ausencia de contextos comunes es otra característica de la plataforma: cada usuario define su propia experiencia a partir de las decisiones que toma respecto a quiénes seguir, y su *timeline* es el resultado de ellas. En consecuencia, y de manera intencionada, los 845 tuits seleccionados se han enmarcado en 74 categorías que no son sólo ni fundamentalmente descriptivas, sino que proponen un contexto de lectura en el que siempre hay un juego de guiños y complicidades con cada autor y con el texto de su mensaje.

CATEGORÍAS

- Administrativos
- Aeronáuticos
- Agrícolas
- Amorosos
- Animales
- Apocalípticos
- Autocríticos
- Bellas durmientes
- Cinematográficos
- Conectados
- Confesiones
- Imaginativos
- Increíbles
- Influyentes
- Insomnes
- Laborales
- Mercantiles
- Metafóricos
- Meteorológicos
- Mnemotécnicos
- Momentos sublimes
- Musicales

- Confidenciales
- Confundidos
- Constantes
- Contradictorios
- Controlados
- Convencidos
- Cosas claras
- Cuentos
- Descontrolados
- Deportivos
- Desconectados
- Desorientados
- Didácticos
- Distancias cortas
- Económicos
- Efectos secundarios
- Emprendedores
- Entrañables
- Estados alterados
- Extraterrestres
- Familiares
- Gastronómicos
- Generaciones interactivas
- Geográficos
- Geométricos
- Hogareños
- Nacionales
- Náuticos
- Navideños
- Oníricos
- Optimistas
- Ortográficos
- Parecidos razonables
- Periodísticos
- Políticos
- Preguntas inquietantes
- Previsores
- Psicológicos
- Quejumbrosos
- Sociales
- Sospechosos habituales
- Tecnológicos
- Telefónicos
- Televisivos
- Terapéuticos
- Twitter
- Urbanos
- Viales
- Viajeros
- Virales
- Virtuales
- Visionarios

ADMINISTRATIVOS

- @fernand0: *El café. Ese fluido paralizador de los organismos públicos*
  http://twitter.com/fernand0/status/12873085440
- @lopezjd: *Si una guardia tiene un horario de atención, ¿no deja de ser guardia?*
  http://twitter.com/lopezjd/status/22562822880
- @LuisCarlos: *¿Por qué necesito el carnet del registro militar para renovar la licencia de conducir? Es un auto, no un tanque*
  http://twitter.com/LuisCarlos/status/26889148612
- @solenoide: *Las agencias de prensa deberían saber que si un blogger le pide una imagen no es para dentro de cinco minutos sino para hace dos*
  http://twitter.com/solenoide/statuses/780734581

AERONÁUTICOS

- @fencinar: *Los #controladores han unido a los españoles como las uvas en nochevieja: aunque nos atragantemos pero que no quede una*
  http://twitter.com/fencinar/status/12157094627123200
- @fernand0: *Señoras que vuelan a pesar de las cenizas del volcán*
  http://twitter.com/fernand0/status/12593668970
- @Gonzalomartin: *¿Alguien recuerda la última vez que un avión salió a su hora?*
  http://twitter.com/Gonzalomartin/status/18757815164
- @martinvars: *No entiendo la lógica de llamar a las dos terminales T4 y T4S en Barajas. Por favor cambiadle el nombre a T4 y T5. La gente se pierde*
  http://twitter.com/martinvars/status/22177371108

- @rogercasas: *Dentro de las medidas de seguridad de un aeropuerto deberían considerar el no vender pollo al ajillo a los pasajeros a punto de abordar*
  http://twitter.com/rogercasas/status/12999517561425920
- @sblanco: *Ya han pasado dos aviones sobre mi casa y no eran comerciales. ¿Qué pasará?*
  http://twitter.com/sblanco/status/3755878611

AGRÍCOLAS

- @aberron: *Recogiendo pimientos, cebollas y tomates de la huerta para la cena :-)*
  http://twitter.com/aberron/status/20907880449
- @gmolino: *«Todas las setas son comestibles, al menos una vez». Groucho Marx*
  http://twitter.com/gmolino/status/3104122433699840
- @jmmartin20: *A veces veo huertos...*
  http://twitter.com/jmmartin20/status/21565383061
- @kurioso: *Los palos de la baraja española según mi hija: monedas, trofeos, puñales y brócoli*
  http://twitter.com/kurioso/status/24845074646
- @mberzosa: *Me gusta sembrar y recoger... y tengo asumido que a veces siembras para que el del campo se olvide de que sembraste*
  http://twitter.com/mberzosa/status/8155188958
- @negredo: *Me encanta meterme en huertos, jardines, berenjenales y demás plantaciones. Me tendría que meter igual, así que, por lo menos, a disfrutarlo*
  http://twitter.com/negredo/status/12276911867
- @Virginiapalonso: *Sin cobertura, sin Internet, sin teléfono desde hace cuatro días. Sólo campo, buitres y corzos*
  http://twitter.com/Virginiapalonso/status/20800454453

AMOROSOS

- @anaaldea: *Pretérito imperfecto busca Futuro perfecto para vivir Presente simple*
  http://twitter.com/anaaldea/status/16305085418
- @CaroQ: *Acabo de escuchar: «Es la típica que me gusta que le guste porque no es la típica que suele gustar a los típicos tíos que me gustan»*
  http://twitter.com/CaroQ/status/13371381918
- @corict: *Hay relaciones que sólo funcionan porque son platónicas*
  http://twitter.com/corict/status/24307445404
- @do203: *A un cocinero virtuoso le piden el divorcio y le ponen de postre: Espuma de sus Bienes Inmuebles sobre Reducción de Cuenta Corriente*
  http://twitter.com/do203/status/9479001715
- @do203: *Prefiero ponerme nervioso con tu Café, a correr el riesgo de que quedes Descafeinada porque no me Expresso*
  http://twitter.com/do203/status/13922760921186304
- @esthervargasc: *En estos tiempos 2.0, la pareja o la ex pareja vive pendiente de lo que dices en Twitter y Facebook*
  http://twitter.com/esthervargasc/status/4786695068
- @estratega: *Querer es poder. Así que no te enfades si te puedo*
  http://twitter.com/estratega/status/4390970298
- @in_lack_ech: *Lo más cerca que he estado de un trío fue comprar un disco de Los Panchos*
  http://twitter.com/in_lack_ech/status/28722447622
- @isopixel: *«Lo bueno de los años es que curan heridas, lo malo de los besos es que crean adicción»*
  http://twitter.com/isopixel/status/7268123591

- @josedaze: *Las chicas buenas coquetean con los chicos malos pero al final se quedan con los chicos buenos* http://twitter.com/josedaze/status/1817639905
- @josedaze: *Cuando una mujer te dice «que todavía no ha superado su anterior relación» Chavales, asumidlo, no le gustáis* http://twitter.com/josedaze/status/28610854457
- @korochi: *Los empresarios buscan novia en LinkedIn* http://twitter.com/korochi/status/13043040587
- @pamealbarracin: *Ahora entiendo por qué me gustan los hombres* http://twitter.com/pamealbarracin/status/1650239541
- @petezin: *A veces, la llamada de un amor pretérito ilusiona más que un presente sin futuro* http://twitter.com/petezin/statuses/785974562
- @rogercasas: *Vendo piropo reciclable* http://twitter.com/rogercasas/status/8332877021
- @tiscar: *Soy de primavera-otoño pero siempre me enamoré en febrero. Y este año viene con un día de regalo* http://twitter.com/tiscar/statuses/764561182
- @vanessadibar: *Es una lástima que algunos hombres confundan cariño con exclusividad* http://twitter.com/vanessadibar/status/4817545825
- @Virginiapalonso: *He estado a punto de decir «te quiero» a la persona equivocada. Corregido a tiempo :)* http://twitter.com/Virginiapalonso/status/26760713479

ANIMALES

- @aberron: *Una duda sobre física cuántica: ¿dónde coño se mete el mosquito cuando fallas el golpe? :-P* http://twitter.com/aberron/status/22268332327

- @adelgado: *Rodeado de víboras*
http://twitter.com/adelgado/status/5822612256

- @Asegovia: *Hombre, algo bueno tenía que tener mi perro. No ladra con los truenos. El resto mal*
http://twitter.com/Asegovia/status/16964575614

- @crism321: *Hemos visto una rana interesante que parece monito*
http://twitter.com/crism321/status/26888781418

- @Danielvak: *Holas buenas tardes a todos. Incluso a las ratas traidoras que merodean por ahí. Tengan buenas tardes*
http://twitter.com/Danielvak/status/6973295732

- @gpeltzer: *Si te ponés loco cuando te gritan «¡Venado!» es que sos un venado*
http://twitter.com/gpeltzer/status/8318145721

- @infopildoras: *El gallo, el perro, las campanadas y la maldita mosca no van a conseguir que me levante. No he venido al pueblo a madrugar*
http://twitter.com/infopildoras/status/21813448991

- @joanjimenez: *Discutiendo con mi gato, él pretende entrar en el armario y yo no se lo permito. Siento ser intransigente, pero no hay negociación posible*
http://twitter.com/joanjimenez/status/9480523484

- @juanmunozCNN: *Acaban de decirnos que hay una cebra suelta en el estacionamiento de mi edificio. Eso no pasa todos los días*
http://twitter.com/juanmunozCNN/status/9303249375

- @kurioso: *Me informan que acabo de salir en un documental de La2. Nunca me habían llamado animal tan sutilmente*
http://twitter.com/kurioso/status/24682083871

- @laquesefue: *¿Quién le dio cafeína a mi hámster?*
http://twitter.com/laquesefue/status/2050244732784641

- @merce: *Que alguna hembra le haga caso a este grillo por Dios, ¡¡¡se va a quedar sin patas!!!*
  http://twitter.com/merce/status/5108417780
- @pablomatamoros: *¿Les pido un favor grande? ¡Acuérdenme diariamente que tengo que alimentar al gato!*
  http://twitter.com/pablomatamoros/status/6122717235
- @reynogourmet: *Dos perros pastores controlan un rebaño de más de mil ovejas. Es extraordinario el trabajo que realizan y también el del pastor*
  http://twitter.com/reynogourmet/status/4500220371
- @torresburriel: *De vuelta de pelear con un saltamontes gigante y de una reunión de vecinos. Vaya día, jodo*
  http://twitter.com/torresburriel/status/4635970584

APOCALÍPTICOS

- @angeljimenez: *Me enteré de la muerte de la web a través de la web y de la del rss a través de un lector rss. ¿Habrá un tuit sobre la muerte de Twitter?*
  http://twitter.com/angeljimenez/status/24469538691
- @delia2d: *Los que hablan de la muerte de la prensa no tienen mascota*
  http://twitter.com/delia2d/status/1612318334
- @edans: *¿Cero followers? ¡Mi mujer me abandona! ¡Mi vida no tiene sentido! ¡¡¡Y encima aquí me hablan en chino!!! :-D #zero-followers*
  http://twitter.com/edans/status/13737288654
- @fernand0: *El colapso es una posibilidad*
  http://twitter.com/fernand0/status/1348005258
- @manyez: *Se romperá todo en pedazos y cuando peguemos los trocitos, nos daremos cuenta de que todo es relativo*
  http://twitter.com/manyez/status/20919879575

- @menesesportatil: *Entre la muerte del papel, la muerte del periodismo, la muerte del periodista y la muerte del lector, ya no queda casi nadie*
  http://twitter.com/menesesportatil/status/23867602637
- @mmeida: *Lo bueno de esto es lo mal que se está poniendo (proverbio occidental)*
  http://twitter.com/mmeida/status/20787992551

AUTOCRÍTICOS

- @andycharras: *Parece que siempre encuentro una mala excusa para no hacer las cosas que de verdad me gustan*
  http://twitter.com/andycharras/status/19724624774
- @angelmaria: *Me hago mayor para aguantar algunas gilipolleces que antes pasaba por alto*
  http://twitter.com/angelmaria/status/16834577206
- @antoniofraguas: *Yo tengo guardada una colección de errores, muchos propios, que algún día os la enseñaré y os partiréis de risa*
  http://twitter.com/antoniofraguas/status/303933343924225
- @delia2d: *¿Sabéis esa gente que es como una bola de luz que irradia amor y energía positiva y a la que dan ganas de abrazar? Pues hoy no soy yo*
  http://twitter.com/delia2d/status/3815522349
- @elbaronrojo: *Venía a pedir perdón por impuntual pero creo que llego tarde*
  http://twitter.com/elbaronrojo/status/25150379062
- @estratega: *Repasando mi vida, caigo en la cuenta de que he tenido grandes ideas que podrían haberme hecho millonario, si no las hubiera tenido*
  http://twitter.com/estratega/status/1444150427
- @fernand0: *No somos excelentes. Algunos ya nos lo estábamos oliendo :)*
  http://twitter.com/fernand0/status/4522539572

- @Isasperandio: *Reflexionando sobre mi pésimo humor a lo largo de esta semana, concluyo racionalmente que todo ha sido culpa del último episodio de LOST*
  http://twitter.com/Isasperandio/status/14855708762
- @juanluispolo: *Algo no estoy haciendo bien...*
  http://twitter.com/juanluispolo/status/6899554197
- @jzabalo: *Apuntando en mi libreta nueva mis errores. Me encuentro en un proceso continuo de mejora ;-)*
  http://twitter.com/jzabalo/status/9333581997
- @loulourevisited: *Yo soy superficialmente profunda*
  http://twitter.com/loulourevisited/status/22026335353
- @ojomagico: *A todos nos gustaría decir la verdad pero no todos somos millonarios*
  http://twitter.com/ojomagico/status/29280083971

BELLAS DURMIENTES

- @Alibaimor: *¡¡¡Parad los timelines!!! ¡¡¡Que debo dormir!!!*
  http://twitter.com/Alibaimor/status/5777388390
- @crism321: *Yo confieso que mi pijama de esta noche es una camiseta de Creative Commons. Tengo algunos derechos reservados*
  http://twitter.com/crism321/status/16288163351
- @dMultimedia: *Insólito: mi mujer no duerme. Se autodescarga vía rapidshare y, al ratito, entra en reposo. Despertarla es sencillo: apretando ENTER*
  http://twitter.com/dMultimedia/status/29386888325
- @kurioso: *Los que dicen «duerme como un bebé pero ronca como un cerdo» ni tienen bebé ni han dormido con un cerdo*
  http://twitter.com/kurioso/status/22966740568
- @laquesefue: *Pongo mi laptop en la cama para que cuando me meta entre las cobijas esté calentito, me imagino que tengo un gato :)*
  http://twitter.com/laquesefue/status/16671130895

- @laquesefue: *Un nuevo día para alcanzar metas y luchar por un mundo mejor mientras ustedes lo hacen yo estaré durmiendo otro rato, ¿ok?*
  http://twitter.com/laquesefue/status/5708599581

CINEMATOGRÁFICOS

- @artilugios: *Hoy debería estar desatascando el tacón de mi zapato de 12 cm de una alcantarilla humeante mientras salto de un taxi amarillo enorme*
  http://twitter.com/artilugios/status/8362465427
- @estratega: *(spoiler) Al final, te mueres*
  http://twitter.com/estratega/statuses/542004032
- @gpeltzer: *Ya me di cuenta: en las películas los que usan Mac son los buenos*
  http://twitter.com/gpeltzer/status/21694804050
- @jorgeguitian: *Después de 3 días de dibujos animados necesito una película muy densa, muy sangrienta o con un humor muy bestia para desintoxicar*
  http://twitter.com/jorgeguitian/status/8908970093707264
- @korochi: *Los dobles se creen lindos porque son bien parecidos*
  http://twitter.com/korochi/status/15416856768
- @rosamariaartal: *No me identifico con la «realidad» española de buena parte de sus películas*
  http://twitter.com/rosamariaartal/status/8466534672

CONECTADOS

- @albertcuesta: *¿Esta habitación de hotel tiene pocos enchufes, o es que yo llevo muchos cacharritos?*
  http://twitter.com/albertcuesta/status/5459643104
- @AlbertoNahum: *Al final siempre hay un wifi abierto y gratis al que engancharse. Imposible huir...*
  http://twitter.com/AlbertoNahum/status/21419924061

- @amartino: *Abrir los ojos; agarrar la blackberry; borrar spam; leer mails importantes y responderlos antes de salir de la cama no debería ser normal :s*
http://twitter.com/amartino/status/4734806836
- @aulatrece: *Un ordenador con conexión a Internet y tiempo para disfrutarlo. Es como volver a ser pequeño y vivir siempre como la mañana del 6 de Enero*
http://twitter.com/aulatrece/status/15634193160
- @catuxa: *Dios mío con todo lo que tengo que hacer y no paro de ver cosas en donde perder el tiempo*
http://twitter.com/catuxa/statuses/799435033
- @davidalvarez: *En la nube*
http://twitter.com/davidalvarez/status/12476938992
- @jorgehill: *Estado civil: en espera de tu DM*
http://twitter.com/jorgehill/status/26580436978
- @pjorge: *Iba a decir que cierro aquí porque salgo de casa y he comprendido que sigo pensando como un dinosaurio*
http://twitter.com/pjorge/status/21992253762
- @plujambio: *Los trending topics de España revelan lo poco que usa Twitter en este país gente que no esté metida en un curro de redes sociales...*
http://twitter.com/plujambio/status/5204843450863616
- @Queith: *A veces pienso que mi vida sería mejor si tuviera wifi*
http://twitter.com/Queith/status/8141234716
- @schuschny: *Tenía grandes planes para mi vida, pero se me cruzó el internet*
http://twitter.com/schuschny/status/29280150338
- @sorprendida: *Me encanta el olor a datos por la mañana :)*
http://twitter.com/sorprendida/status/8020342409

CONFESIONES

- @4Colors: *A mí lo que más me mola es ser incisivo*
  http://twitter.com/4Colors/status/10416494069
- @cabralita: *Hoy me pasaron dos cosas raras: un desconocido me dio un beso en la mejilla cuando estábamos en el ascensor, y me gané una rifa*
  http://twitter.com/cabralita/status/19108892686
- @davidalvarez: *Escribir para la nada a veces tiene gracia*
  http://twitter.com/davidalvarez/status/5484901315
- @elcocinerofiel: *Me acabo de sorprender pensando qué bien se ve la realidad*
  http://twitter.com/elcocinerofiel/status/1023385794510848
- @elqudsi: *Hace tanto que no hago una PPT desde cero que he perdido la práctica. ¿Algún voluntario a quien pueda fusilarle una PPT sobre SMO y ROI? ;)*
  http://twitter.com/elqudsi/status/14812743777
- @estratega: *No me tidez de da dengua*
  http://twitter.com/estratega/status/9010692253
- @fernand0: *Hay gente a la que no consigo entender...*
  http://twitter.com/fernand0/status/12273217070
- @furilo: *Mis días son una caleidoscópica sucesión de interrupciones*
  http://twitter.com/furilo/statuses/817530850
- @gallir: *Mi vida se está yendo a la mierda, ya estoy hablando y discutiendo más con abogados que con programadores :-P*
  http://twitter.com/gallir/status/9943048430
- @jamoral: *El CV que nos ha llegado de un candidato dice «Aficiones: sexo». ¿Le contratamos por sincero?*
  http://twitter.com/jamoral/status/17023005972

- @JamSession: *Qué raro ¡no estoy descargando nada!* http://twitter.com/JamSession/status/3907978709
- @JulioPTR: *Siempre me encantaron Las hilanderas y Los borrachos (los cuadros)* http://twitter.com/JulioPTR/status/8147379689
- @laquesefue: *Éste no es el tuit que el mundo estaba esperando* http://twitter.com/laquesefue/status/8381649982
- @lopezjd: *Ayer descubrí que algo que conocía, realmente no lo conocía* http://twitter.com/lopezjd/status/8855917510
- @luisrull: *Hay silencios que dan miedo* http://twitter.com/luisrull/status/1340775639
- @Paloma: *Tengo un serio problema de adicción al queso derretido y a las películas románticas. No sé si esas cosas combinan muy bien, pero así soy* http://twitter.com/Paloma/status/6871605269
- @schuschny: *A veces siento que pensar es un verbo irregular conjugado en un tiempo perdido* http://twitter.com/schuschny/status/25719874173
- @uterope: *Nunca siento los temblores* http://twitter.com/uterope/status/21078052632
- @Yoriento: *He recuperado los followers y followings. Ya no estoy obligado a parecer interesante, qué alivio* http://twitter.com/Yoriento/status/13740074412

CONFIDENCIALES

- @Alibaimor: *Pues resulta que en Twitter hay cosas que no puedo decir* http://twitter.com/Alibaimor/status/22997333077

- @angeljimenez: *Hay cosas que mejor no enseñar en el metro :)* http://twitter.com/angeljimenez/status/4036173266
- @delia2d: *Creo que mi problema con las redes sociales es que sólo me interesa lo que no se cuenta* http://twitter.com/delia2d/status/1970886456
- @estratega: *Antes, si un rumor te llegaba por varios sitios, era más probable. Ahora es al revés* http://twitter.com/estratega/status/14373134094
- @jasp: *«Superman es Clark Kent» (visto en el Wikileaks de Batman)...* http://twitter.com/jasp/status/11903970947633152
- @LibrodeNotas: *Los famosos ya no quieren ir a los platós de los programas del corazón, piden audiencia con los embajadores norteamericanos* http://twitter.com/LibrodeNotas/status/12156656150380544
- @mjcalvimontes: *Hoy he tuiteado más por DM que por TL* http://twitter.com/mjcalvimontes/status/2464675241398272
- @nicoleforttes: *El público pide que tuitee lo intuiteable. Pero me debo al juramento de las solteras* http://twitter.com/nicoleforttes/status/4738130661
- @paulbeelen: *Tantas cosas que me gustaría contarles. Y tan pocas cosas que les puedo contar :)* http://twitter.com/paulbeelen/status/4683921061
- @rebezuniga: *Prometo firmemente no emitir ningún comentario sobre lo que estoy viendo ahora (mordiéndome la lengua)* http://twitter.com/rebezuniga/status/26764312018

CONFUNDIDOS

- @abladias: *Sin saber cómo empezar. O más bien, pensando cómo empezar de otra manera* http://twitter.com/abladias/status/17230123999

- @borjaventura: *Deshojando la margarita entre lo que quiero y lo que puedo unos lo ponen tan fácil y otros tan difícil* http://twitter.com/borjaventura/status/24021573436
- @fernand0: *Teoría unificada de la web, normalmente: «todo el mundo lo hace así» es lo mismo que «yo suelo hacerlo así»* http://twitter.com//fernand0/status/28781246381
- @jorgeguitian: *Llega una edad en la que empiezas a plantearte temas profundos, dudas trascendentales que te atenazan. ¿Mojito o caipirinha? Qué sinvivir* http://twitter.com/jorgeguitian/status/15715838235
- @tfraguas: *Es hora de que alguien lo diga: siempre ha sido un follón lo de ábrete sésamo, barrio sésamo y el pan con sésamo. Ahí queda eso* http://twitter.com/tfraguas/status/12951821649
- @ojomagico: *Los rumores nacen gracias a la función de autocompletar de la mente: Un muerto+señor con cuchillo no es infarto+carnicero, sino asesinato* http://twitter.com/ojomagico/status/28762917639
- @rpicallo: *Los días festivos en mitad de la semana son lo más desconcertante del mundo* http://twitter.com/rpicallo/status/11900528283881472
- @schuschny: *En algunas circunstancias a la vida habría que ponerle subtítulos* http://twitter.com/schuschny/status/24430008344772608
- @warkentin: *Tengo puestos cuatro noticiarios, y minuto a minuto entiendo menos. Y no, no es por la conjunción de ruidos, se lo prometo* http://twitter.com/warkentin/status/10223552706

CONSTANTES

- @crism321: *Todos crecemos...* http://twitter.com/crism321/status/3929706805

- @davidalvarez: *Las listas no son nada sin un plan*
http://twitter.com/davidalvarez/status/7267724716
- @do203: *La vida es como el jazz, hay que improvisar y no perder el ritmo*
http://twitter.com/do203/status/29526768573
- @fernand0: *Siempre que pasa igual, sucede lo mismo...*
http://twitter.com/fernand0/status/28998744793
- @fernand0: *Señoras que te cuentan exactamente las mismas cosas todas las veces*
http://twitter.com/fernand0/status/18767100709445633
- @joanjimenez: *Los humanos sólo cambiaremos cuando no haya más remedio ¡y eso fue ayer! ;)*
http://twitter.com/joanjimenez/status/8856664275
- @jujodiru: *¿Qué durará eternamente cuando todo desaparezca? Eso es el Ser*
http://twitter.com/jujodiru/status/21335868156
- @loogic: *Tanto va el cántaro a la fuente que al final se seca*
http://twitter.com/loogic/status/16613944050
- @loulourevisited: *Para medirse los años que han pasado sólo hay que ir siempre al mismo bar*
http://twitter.com/loulourevisited/status/24243012137648128
- @majimeno: *Tener un blog y actualizarlo diariamente es el mayor acto de humildad que existe*
http://twitter.com/majimeno/status/20407363204
- @mtorchiari: *Díganle a @twitter que no quiero mis tweets back. Soy perfectamente capaz de decir las mismas boludeces otras 50 000 veces*
http://twitter.com/mtorchiari/status/16173172971

CONTRADICTORIOS

- @elqudsi: *Que alguien que invierte más de 300 000 euros en vallas publicitarias me cuestione el «retorno de la inversión» de Internet me alucina*
  http://twitter.com/elqudsi/status/11027863773

- @Gonzalomartin: *Y, ahora, camino de una de las reuniones más trágicas y desternillantes a la vez que voy a tener nunca*
  http://twitter.com/Gonzalomartin/status/2737550594670592

- @gpeltzer: *¿Por qué me piden que hable más fuerte si no les interesa lo que digo?*
  http://twitter.com/gpeltzer/status/8083132295

- @javierduro: *Me divierte ver cómo se cambia de discurso por la libertad de expresión en la red cuando se trata de expresiones que no compartimos*
  http://twitter.com/javierduro/status/25337610237

- @luisrull: *Pues la entrevista en «La mañana en vivo» era grabada*
  http://twitter.com/luisrull/status/5584646413

- @pacotto: *Sigo sin entender por qué los enchufados nunca se electrocutan, siendo como son corrientes*
  http://twitter.com/pacotto/status/25236781507

CONTROLADOS

- @EmilioMarquez: *Por favor, no me digas: «No te preocupes», que entonces me echo a temblar*
  http://twitter.com/EmilioMarquez/status/21599036366

- @estratega: *Cuando dicen que todo está bajo control, recuerdo al Superagente 86*
  http://twitter.com/estratega/status/1669059271

- @fermatrix: *Bienaventurados los que son capaces de ver un ca-*

ble de teléfono enredado sin sentir deseos irrefrenables de desenredarlo
http://twitter.com/fermatrix/status/6970219605

- @LuisCarlos: *Están racionando los anuncios de racionamiento*
http://twitter.com/LuisCarlos/status/8002467214
- @marilink: *Lo más valioso que me traje del desierto fue una gran cantidad de paciencia, hoy me está viniendo muy bien*
http://twitter.com/marilink/status/17318861336
- @mtorchiari: *¿Se dan cuenta de que no puedo decir nada? ¿Que no me dejan ser?*
http://twitter.com/mtorchiari/status/19614945963
- @victorianoi: *Sabes que te has convertido en una persona estable y madura cuando llevas más de un año sin cambiar el fondo de escritorio del ordenador*
http://twitter.com/victorianoi/status/13570476211183616

CONVENCIDOS

- @allendegui: *No dejes que la realidad te arruine un buen tuit*
http://twitter.com/allendegui/status/24562808305
- @crism321: *Hay muchas letras en el abecedario... No soy ni la letra «Y» ni la «Z»*
http://twitter.com/crism321/status/4781592756
- @delia2d: *Voy a ver si pierdo unos cuantos followers*
http://twitter.com/delia2d/status/6831684858
- @Isasperandio: *Necesito irme ya... en serio*
http://twitter.com/Isasperandio/status/5822642517
- @jlhortelano: *El anuncio de Ragazza en Spotify está muy bien segmentado. Ahora mismo bajo al kiosko a comprármela*
http://twitter.com/jlhortelano/status/5584789246

- @jkusunoki: *Tengo que hacer algo para combatir mi flojera. Empezaré mañana*
http://twitter.com/jkusunoki/status/23519993396207616
- @jmelano: *Hoy no tengo nada para decir*
http://twitter.com/jmelano/status/1074893511
- @josedaze: *Tengo que hacer algo*
http://twitter.com/josedaze/status/4758350202
- @martinvars: *La lucha entre catalán, euskera, castellano se termina cuando alguien tiene pasta y envía a sus hijos a un cole inglés*
http://twitter.com/martinvars/status/20090777354
- @mercemolist: *No pienso dejarme perder esta revolución. Pero no quiero estar en las gradas. Quiero jugar :D*
http://twitter.com/mercemolist/status/2477027810615297
- @mmeida: *Definitivamente una amplia rama de los creativos publicitarios parece haber llegado a la conclusión de que la audiencia es imbécil*
http://twitter.com/mmeida/status/20739788825
- @NicoIbieta: *Hay veces, sólo algunas, en que es mejor pedir perdón que pedir permiso*
http://twitter.com/NicoIbieta/status/24022194576
- @rosamariaartal: *He tomado una decisión trascendental: todo lo que pueda esperar –que es casi todo– esperará*
http://twitter.com/rosamariaartal/status/15699448541
- @torresburriel: *Buen día, creo*
http://twitter.com/torresburriel/status/3999167435
- @torresburriel: *Es el lunes más lunes de todos los lunes. Afirmo*
http://twitter.com/torresburriel/status/4260296306728960

COSAS CLARAS

- @andresazocar: *Las buenas noticias y la malas noticias llegan juntas. A estas alturas de mi vida no tengo dudas* http://twitter.com/andresazocar/status/11258090459

- @anibaldelatorre: *Explicar escribiendo es complejo, aclarar diciendo es difícil, decir mirando es fácil, expresar tocando es una gozada* http://twitter.com/anibaldelatorre/status/9445485940

- @crism321: *La locura está más cerca de la verdad que la propia cordura. Yo no sé si nací loca o cuerda pero nací viva* http://twitter.com/crism321/status/1676750015

- @dariogallo: *Lo peor de todo, en todo –en todos los órdenes–, es volverse previsible* http://twitter.com/dariogallo/statuses/311784182

- @Egocrata: *El gobierno tendría menos problemas de comunicación si tuviera algo que comunicar* http://twitter.com/Egocrata/status/11248696122

- @erostrato12: *«Muchos quisieran ser lo que eran cuando querían ser lo que son»* http://twitter.com/erostrato12/status/14315346143

- @estratega: *Lo que no tiene sentido tiene siempre explicación* http://twitter.com/estratega/status/1731053105

- @ivanpinozas: *Pensando que, en Internet, las «reacciones» deben ser inmediatas, aunque los «efectos» sean posteriores* http://twitter.com/ivanpinozas/status/5475252103

- @jkusunoki: *Si el problema no está en la ignorancia sino en la mediocridad* http://twitter.com/jkusunoki/status/3495868439207936

- @jmgoig: *Las redes sociales son «juzgar y ser juzgado». Si no es lo*

que deseas, por favor, vuélvete a la tranquilidad de ver la tele como un zombi
http://twitter.com/jmgoig/status/9090942727

- @joanjimenez: *Hablar de Marketing Social es como hablar de Actuar con Naturalidad ;)*
http://twitter.com/joanjimenez/status/4623167724
- @laquesefue: *Tenemos una nueva libertad y una nueva responsabilidad con esta nueva media. No necesitamos ser geeks para decir lo que pensamos*
http://twitter.com/laquesefue/status/8141407128
- @LibrodeNotas: *Damos las gracias a los que nos dan las gracias por agradecer sus gracias, pero no hay de qué. Gracias*
http://twitter.com/LibrodeNotas/status/11344767635951616
- @lordjerome: *Ni era de aquarius, ni de la información, ni leches: vivimos en la era de la ansiedad*
http://twitter.com/lordjerome/status/1658738335
- @mjcalvimontes: *Quien está, está, y quien no está, no está. Así de simple #todopasaporalgo*
http://twitter.com/mjcalvimontes/status/5834984267
- @pacotto: *¿Importa que lo que me gusta no guste a los que no me importa que les guste?*
http://twitter.com/pacotto/status/25339874144
- @rahego: *Algunas cosas deberían funcionar mejor de lo que funcionan*
http://twitter.com/rahego/statuses/809173049
- @RobertoA: *El mundo sigue ahí*
http://twitter.com/RobertoA/status/1482085229
- @rosamariaartal: *También podés decirle al zaforas que te embolica: te voy a dar un empentón*
http://twitter.com/rosamariaartal/status/19447311938

- @rpicallo: *Supongo que la psicología tendrá una respuesta a la necesidad de decir algo públicamente sin que lo entienda casi nadie*
http://twitter.com/rpicallo/status/27420695896

- @santiagocervera: *En la información sobre los relojes falta un dato fundamental: quien lo devolvió primero, y la relación entre éste y los dos sucesivos*
http://twitter.com/santiagocervera/status/22246921873

- @schuschny: *Muchos buscan salir de la zona de confort, sin embargo, para los que queremos entrar la Realidad nos informa que las entradas están agotadas*
http://twitter.com/schuschny/status/22279803580

CUENTOS

- @4Colors: *Me he despertado oveja, cuéntame*
http://twitter.com/4Colors/status/21476825533

- @albertochimal: *El fantasma del rey estaba enojado porque su última reina, mucho más joven que él, tenía ahora a su propio galán, mucho más joven que ella*
http://twitter.com/albertochimal/status/21419837723

- @alfarmada: *Tiene la tarde tendencia a despeñarse, y nosotros a hacer como si lo nuestro y el mundo tuvieran remedio. Añoro la sombra de un azufaifo*
http://twitter.com/alfarmada/status/20233262127

- @Alibaimor: *¿Y tú cómo sabes que las princesas no tienen arrugas?*
http://twitter.com/Alibaimor/status/24664653163

- @delia2d: *Me aburren los libros metaliterarios, las películas que son una declaración de amor al cine y los artículos sobre el fin de la prensa*
http://twitter.com/delia2d/status/1386929442

- @dr_marcorivera: *¿El gato con botas cómo se pone las botas? Y si se las pone, ¿cómo se las quita?*
  http://twitter.com/dr_marcorivera/status/27073595604
- @fencinar: *A partir de 30 ya no compras vino sino una historia (del vino)*
  http://twitter.com/fencinar/status/17015710819
- @laura: *Hoy escribí una historia. Fue mi terapia*
  http://twitter.com/laura/status/20233185292
- @mmeida: *A ver si funciona esto... Buzz Lightyear. ¿Será ésta otra Toy Story?*
  http://twitter.com/mmeida/status/8920302507
- @nicoleforttes: *Creo que voy a escribir un libro con tanta cosa freak que me toca leer*
  http://twitter.com/nicoleforttes/status/16776388379
- @pacobarranco: *Queridos elefantes: lo siento, pero ya no aguanto más. Firmado (con cariño), la araña*
  http://twitter.com/pacobarranco/status/1028573955624960

DESCONTROLADOS

- @adelgado: *Hemos llegado a un momento de la historia donde un desequilibrado con un mechero y un bidón de gasolina puede poner en crisis a medio planeta*
  http://twitter.com/adelgado/status/24044495917
- @alejodorowsky: *La que se enamora de un sapo, lo convierte en dios*
  http://twitter.com/alejodorowsky/status/24010276647
- @andresazocar: *A algunos alumnos me gustaría aplicarles el acortador de URL*
  http://twitter.com/andresazocar/status/11662644965
- @antoniofraguas: *Qué emoción. ¡Tengo un troll! Me dan ganas de alimentarlo*
  http://twitter.com/antoniofraguas/status/25482522674

- @bimbacha: *Con ganas de meterme en una piscina y hacer fotos requetelocas con mi cámara acuática* http://twitter.com/bimbacha/status/19332820168
- @chicadelatele: *Comprobado: el ansia por ver episodios de una misma serie es directamente proporcional a la cantidad de episodios que tienes* http://twitter.com/chicadelatele/status/21695890430
- @inroyo: *Seis meses, seis enteritos meses en Argentina y hoy DE NUEVO, me he vuelto a quemar la lengua con el puñetero mate* http://twitter.com/inroyo/status/2377837378015232
- @jorgeguitian: *¿Algo peor que escribir sobre recetas con calor y el estómago lleno? Sí, quedarse dormido mientras lo haces. Voy a por café* http://twitter.com/jorgeguitian/status/16936102611
- @LuisCarlos: *Defiendo la impunidad cuando se trata de robarle fresas a una torta* http://twitter.com/LuisCarlos/status/16968264801
- @makinenn: *Hoy mi timeline me supera* http://twitter.com/makinenn/status/20090843977
- @malepichot: *Tengo dos novios, no es por puta, es que si canalizo mi hinchapelotez en un solo hombre, lo mato* http://twitter.com/malepichot/status/16943004155
- @mjori: *Los adultos dicen tacos. Fin de la infancia* http://twitter.com/mjori/status/3223205024108544
- @mmeida: *El iPhone pide que me actualice, no él, no algún programa, no: ¡que me actualice yo! ¿Hasta dónde piensan llegar estos cacharros?* http://twitter.com/mmeida/status/20915955466
- @mtorchiari: *Siempre fui bastante torpe y distraída, pero desde*

hace unos meses es como si tuviera dos cuerpos y medio cerebro para controlarlos
http://twitter.com/mtorchiari/status/2235364513153O240

- @Nikgaturro: *Cuando una persona habla demasiado en las reuniones sus diálogos deberían ponerse en rojo, así como en Twitter cuando te acercás a los 140*
http://twitter.com/Nikgaturro/status/20002632043

- @pacotto: *El principal requisito para alcanzar la ruina es caer en la cuenta corriente*
http://twitter.com/pacotto/status/3914989249241088

- @silviacobo: *No entiendo xq hay gente q m folowea y me desfolowea, y me vuelven a folowear para luego desfolowearme frenéticamente. Debe ser un tic ;)*
http://twitter.com/silviacobo/status/6118229820

- @twittea: *Buscando el tiempo que perdí, ahora me hace falta*
http://twitter.com/twittea/statuses/948801891

- @octaviorojas: *Hay portavoces a quienes no les gusta hablar y hay otros a quienes no les puedes arrancar el micrófono*
http://twitter.com/octaviorojas/statuses/958788941

DEPORTIVOS

- @aberron: *Me comentan que al «Ojo de halcón» le han tenido que poner gafas de vista cansada*
http://twitter.com/aberron/status/16870370168

- @abladias: *¿Saldré a correr de una vez o seguiré encontrando excusas como ésta?*
http://twitter.com/abladias/status/1744704428

- @borjaventura: *Recordando que cuando llevas un tiempo sin correr y vuelves no hay superación, ni endorfinas. Sólo tos, humillación y certeza de agujetas*
http://twitter.com/borjaventura/status/19680568485

- @chiquiesteban: *No entiendo a la gente que presume de ignorancia. Aunque sea con el fútbol*
http://twitter.com/chiquiesteban/status/16710212379
- @danibertocchi: *Pilates funciona*
http://twitter.com/danibertocchi/status/1362358997
- @estratega: *Sólo el golf y el fuego me sacan de la cama a estas horas*
http://twitter.com/estratega/status/1352984830
- @majimeno: *Qué dolor de título: «Valentino Rossi se sube a lomos de su nueva burra»*
http://twitter.com/majimeno/status/2049025427636225
- @peltzer: *El golf es fácil. Lo que pasa es que los golfistas somos imbéciles*
http://twitter.com/gpeltzer/status/6837323762
- @rosamariaartal: *Tengo la impresión de que en Sudáfrica las porterías son más pequeñas que en España*
http://twitter.com/rosamariaartal/status/16719157513
- @torresburriel: *Es un problema de resultados, pero también de actitud, de capacidad, de juego, de equipo, de entrenador y de directiva*
http://twitter.com/torresburriel/status/8156164550
- @warkentin: *Necesito una vuvuzela*
http://twitter.com/warkentin/status/16010983124

DESCONECTADOS

- @anotado: *Y antes de tener BB e iPhones ¿qué hacíamos en las salas de espera?*
http://twitter.com/anotado/status/3668890248
- @dariogallo: *3 % de batería en el iPad sólo debe alcanzar para enviar este tuit inconclu*
http://twitter.com/dariogallo/status/28480323550

- @estratega: *Si no fuera por Internet, habría que llamar a la TV para que una azafata escribiera nuestros tuits en una pizarra retransmitida en directo*
http://twitter.com/estratega/status/21565734160
- @jagelado: *Todavía hay quien tiene miedo de decir simplemente podcast en vez de «radio en una web»*
http://twitter.com/jagelado/status/3107965708009473
- @marabales: *Es difícil tuitear sin red :s*
http://twitter.com/marabales/status/5920515111
- @pacotto: *Cuando desconectó, el periódico todavía estaba allí*
http://twitter.com/pacotto/status/4148096271
- @sebasmuriel: ... *Joder, sin luz en casa lo único que me funciona es el iPhone. ¿Cuando se me acabe la batería no me quedará más remedio que hablar? ;)* .
http://twitter.com/sebasmuriel/status/7172417635
- @smmahugo: *Tengo completamente descuidada mi vida online por culpa de mi vida offline. ¡Yo antes podía ser feliz en las dos!*
http://twitter.com/smmahugo/status/5583485888
- @VicenteVaro: *Ya cerquita de Barcelona y ya quedándome sin bater*
http://twitter.com/VicenteVaro/status/10312158649
- @yoanisanchez: *La mejor forma de ayudar a un blogger cubano es ayudándolo a difundir su voz, que unos breves minutos en la red puedan potenciarse al máximo*
http://twitter.com/yoanisanchez/status/9157972665

DESORIENTADOS

- @dariogallo: *Gracias por los consejos para la compra de la cámara, pero me confundieron más. Ahora no sé qué comprar*
http://twitter.com/dariogallo/status/3824727764

- @Isasperandio: *¡Hello, Medios de Comunicación! ¡Ya estamos en Marzo de 2010! Son inaceptables 4 Tuits seguidos con noticias irrelevantes vía RSS!*
  http://twitter.com/Isasperandio/status/10280376542
- @josedaze: *Me llama una amiga para quedar y cuando le digo que acabo entre 23.00-00.00 o + tarde dice: «Pero ¿tan tarde? ¿En un periódico se trabaja así?»*
  http://twitter.com/josedaze/status/9301057039
- @rahego: *Un tipo cuando le di mi tarjeta con la url (antigua) de mi web personal: «ah, trabajas para blogspot, sí que me suena, sí»*
  http://twitter.com/rahego/statuses/821583143
- @SergioRS: *La gente pierde el norte con gran facilidad*
  http://twitter.com/SergioRS/status/5735316481
- @Virginiapalonso: *Qué fácil es perder el norte y qué difícil recuperarlo*
  http://twitter.com/Virginiapalonso/status/9942082077

DIDÁCTICOS

- @albertoartero: *Lección 1 de hoy. Es más importante cuidar a las personas que hacer cosas por urgentes que parezcan. UN tema para ti, es EL tema para otro*
  http://twitter.com/albertoartero/status/25335616234
- @Alibaimor: *Sólo las cosas fuertes merecen la pena*
  http://twitter.com/Alibaimor/status/28724059052
- @allendegui: *Si hubiera existido Twitter en el siglo XIX, Marx y Engels hubieran escrito su manifiesto en 140 caracteres y todos podríamos haberlo leído*
  http://twitter.com/allendegui/status/6896246777
- @danielrodrigo: *En general, el que dice que la formación no es importante es que no la tiene*
  http://twitter.com/danielrodrigo/status/8852779359

- @EmilioMarquez: *«A link recibido, no se le mira el PageRank»* http://twitter.com/EmilioMarquez/status/4761326267
- @fernand0: *A veces se hace duro tratar con genios* http://twitter.com/fernand0/status/4705909338
- @gpeltzer: *La universidad no debe enseñar a hacer nada. Lo que debe hacer es enseñar a ser alguien* http://twitter.com/gpeltzer/status/6814627975401472
- @gustavoarizpe: *Ah, mi maestro de lógica que decía «cactar» y «concecto» en vez de captar y concepto. Aun así, creo que sí le cacté bastantes concectos* http://twitter.com/gustavoarizpe/status/5384395864
- @JesusEncinar: *Cuanta menos información hay sobre un tema más fácil es tener una opinión fuerte. Los datos traen dudas, matices y zonas grises* http://twitter.com/JesusEncinar/status/21489575866
- @jkusunoki: *No generes más demanda de la que puedas satisfacer. Se aplica a todo* http://twitter.com/jkusunoki/status/27248127767
- @juanluispolo: *¿Impartir una clase? Una oportunidad para contar una historia que la haga inolvidable. No se merecen menos los alumnos* http://twitter.com/juanluispolo/status/14831375111
- @Laquesefue: *CONSEJO: Cuando en una entrevista de trabajo les pregunten cuál es su mayor debilidad, NUNCA contesten criptonita* http://twitter.com/laquesefue/status/7164845659
- @laquesefue: *No confíen en sus horóscopos* http://twitter.com/laquesefue/status/9249572385
- @marilink: *Una amiga me decía que las cosas había que explicarlas dos veces. La tercera ya estás perdiendo tiempo. Yo a veces creo que a la segunda* http://twitter.com/marilink/status/2438401924

- @martinvars: *Aprender fotografía es lograr que además de mirar puedas ver*
  http://twitter.com/martinvars/status/8145152019
- @ndesalas: *El tiempo pone a cada uno en su lugar. Y si haces SEO, un poco más arriba*
  http://twitter.com/ndesalas/status/28817014801
- @paularchu: *Cada vez que alguien dice «los social media», Dios calza una mesa con un tomo de la RAE*
  http://twitter.com/paularchu/status/17433252424
- @Paulimar82: *Palabras de mi abuelo: no espere que el hombre le pique el ojo. Píquele el ojo usted también :s*
  http://twitter.com/Paulimar82/status/18314043269840898
- @rafa_aguilera: *No consigo que nadie me explique por qué si se aprende más de los errores, todo el mundo pretende enseñarnos tirando de casos de éxito*
  http://twitter.com/rafa_aguilera/status/6460829720
- @silviacobo: *Consejo nº 1 para interactuar en medios sociales corporativamente: no seas plasta*
  http://twitter.com/silviacobo/status/1957458058

DISTANCIAS CORTAS

- @Alibaimor: *Siempre dices que estás aquí, pero allí no es aquí*
  http://twitter.com/Alibaimor/status/12784449442
- @Alibaimor: *No me hables como si pudiera adivinar tus pensamientos*
  http://twitter.com/Alibaimor/status/13910942168
- @Alibaimor: *Si no vienes con buenas noticias, no entres*
  http://twitter.com/Alibaimor/status/17013797027
- @davidalvarez: *En la misma sala con dos personas que conocí hace diez años, en posiciones inimaginadas entonces*
  http://twitter.com/davidalvarez/status/5647881389

- @davidalvarez: *Acabo de cruzarme en un pasillo con un tipo que caminaba mientras se cortaba las uñas*
http://twitter.com/davidalvarez/status/4988216637
- @do203: *Compartir de verdad es compartir lo que te falta*
http://twitter.com/do203/status/16245118953
- @elbaronrojo: *Me imagino a los espectros, el día de su funeral, acercándose a sus familias para darles su más pesado siénteme*
http://twitter.com/elbaronrojo/status/27966161876
- @josedaze: *¿Me quieres?... ¡¡cúrratelo!!... ¿me tienes?... ¡¡cuídame!!... ¿me perdiste?... ¡¡¡Jódete!!!*
http://twitter.com/josedaze/status/22168326756
- @laquesefue: *Tratando de entender a un hombre que no me entiende*
http://twitter.com/laquesefue/status/14606644939
- @loogic: *¿Qué es un centímetro frente a toda la eternidad?*
http://twitter.com/loogic/status/27224429998
- @LuisCarlos: *Debe haber miss Venezuela para categorías 1,50 m, 1,60 m y 1,70 m. Se están perdiendo de mucha belleza real*
http://twitter.com/LuisCarlos/status/29061788609
- @mgonzalezcoloma: *A veces, echar de menos el hombro de un amigo es mucho peor que extrañar los labios de un antiguo amor*
http://twitter.com/mgonzalezcoloma/status/26691606905
- @nicoleforttes: *Mi gato está celoso de mi novio y ahora mi novio lo odia*
http://twitter.com/nicoleforttes/status/20915359133
- @pacobarranco: *Si 2 personas se miran, de verdad, a los ojos, no verán los ojos, verán sus miradas*
http://twitter.com/pacobarranco/status/17116470624

- @Pilar2908: *Nunca existe una segunda oportunidad para causar una primera buena impresión*
  http://twitter.com/Pilar2908/status/16490833039
- @Pilar2908: *La verdadera amistad llega cuando el silencio entre dos personas parece ameno*
  http://twitter.com/Pilar2908/status/7528064925
- @tfraguas: *No viajando a ningún sitio*
  http://twitter.com/tfraguas/status/11989822420
- @walterk: *Pocas cosas unen más a dos desconocidos que coincidir en que un tercero es un capullo*
  http://twitter.com/walterk/status/16974887402868736
- @zanoni: *La clave está en mirar las cosas en escala*
  http://twitter.com/zanoni/status/16617683298557952

ECONÓMICOS

- @chicaseo: *Muchas veces la mejor inversión es un buen cerebro*
  http://twitter.com/chicaseo/status/5893727757
- @estratega: *Lo que nadie quiere decir es que TODOS los bancos, por definición, están quebrados. El truco es hacer como que no lo sabemos*
  http://twitter.com/estratega/statuses/960250540
- @fencinar: *A veces me pongo apocalíptico y pesimista pero entonces viene la realidad a demostrarme lo positivo que soy en el fondo*
  http://twitter.com/fencinar/status/8105554333
- @inroyo: *Me sobra demasiado mes al final del sueldo ¡estos pesos no me cunden nada!*
  http://twitter.com/inroyo/status/28724719609
- @kurioso: *Si domicilias tu nómina en mi cuenta también te regalo una sartén*
  http://twitter.com/kurioso/status/13056458867

- @LibrodeNotas: *Primero vinieron a buscar a los griegos y no dije nada porque yo no era griego...*
  http://twitter.com/LibrodeNotas/status/13016975496

- @ojomagico: *Los pobres no pagan impuestos porque no tienen dinero. Los ricos, los evaden porque tienen demasiado. Pagaremos los de siempre*
  http://twitter.com/ojomagico/status/14410595755

- @OjoPiojo: *Lo único claro: los economistas NO son científicos; astrólogos, tal vez*
  http://twitter.com/OjoPiojo/statuses/954365707

- @yagoabascal: *Si se quedaran encerrados un par de meses los asistentes al Club Bilderberg, es posible que, al salir, estuviera ya TODO arreglado*
  http://twitter.com/yagoabascal/status/15410775128

EFECTOS SECUNDARIOS

- @adelgado: *¡Tenemos las cárceles llenas de políticos emprendedores!*
  http://twitter.com/adelgado/status/10668523161

- @Alibaimor: *Tengo secuelas permanentes de una gran batalla*
  http://twitter.com/Alibaimor/status/16063292190

- @Alibaimor: *No sé si te llevaste la luz, pero (como era de esperar) ha durado bien poco*
  http://twitter.com/Alibaimor/status/14819951851

- @Alibaimor: *Demasiado remember para una misma night :(*
  http://twitter.com/Alibaimor/status/13336131194068992

- @davidalvarez: *Las ideas brillantes no sólo brillan*
  http://twitter.com/davidalvarez/status/28997923598

- @laquesefue: *Mi vida no será la misma después de haberme comido una parte de la rana René*
  http://twitter.com/laquesefue/status/1025952637255680

- @LibrodeNotas: *Lo que no mata, engorda, dijo. Y se murió*
  http://twitter.com/LibrodeNotas/status/20699922378
- @LuisCarlos: *Descubrimiento científico: La gripe te produce insomnio y los antigripales te producen sueño, pero de día*
  http://twitter.com/LuisCarlos/status/5079913390
- @marabales: *Reseteando la noche del sábado a fuerza de maquillaje :s*
  http://twitter.com/marabales/status/11427252617093120
- @mjcalvimontes: *Increíble el efecto que tienen en mi ánimo los cerezos en flor :D*
  http://twitter.com/mjcalvimontes/status/23264694727
- @NicoIbieta: *El miedo produce sordera*
  http://twitter.com/NicoIbieta/status/22239955900
- @Pierina_Papi: *Qué daño hacen las noticias negativas en el subconsciente*
  http://twitter.com/Pierina_Papi/status/21426814118
- @rosamariaartal: *Esto pasa por meter el Twitter en la sauna*
  http://twitter.com/rosamariaartal/status/22277297640
- @sblanco: *Os parecerá una tontería pero los días con tacones son días más largos, mucho más largos :)*
  http://twitter.com/sblanco/status/28810800436

EMPRENDEDORES

- @amartino: *Consejo para emprendedores: si un cliente es hinchapelotas, decile que NO por más que te seduzca la plata y su nombre. Disfrutar vale oro!*
  http://twitter.com/amartino/statuses/767647211
- @ChumelTorres: *Hoy me desperté temprano, optimista y con ganas de ser productivo. Me quedaré en cama hasta que se me pase*
  http://twitter.com/ChumelTorres/status/24857466277

- @cvander: *Hoy me he levantado dando un salto mortal...* http://twitter.com/cvander/status/22278523632
- @davidalvarez: *Tremendo todo lo que hay que hacer antes de dar el primer paso* http://twitter.com/davidalvarez/status/5461941921
- @elcocinerofiel: *Empiezo a pensar que la tontería más grande que he hecho nunca es montar un concurso de tonterías :-)* http://twitter.com/elcocinerofiel/status/24398129551
- @estratega: *Un estudio interno sobre el alto número de proyectos inacabados ha llegado a la conclusión de que* http://twitter.com/estratega/status/7523500828
- @estratega: *Si has estado estos años esperando el momento adecuado, fue ayer* http://twitter.com/estratega/status/2280539012
- @fernand0: *Quiero ser más rápido que ellos* http://twitter.com/fernand0/status/22029302490
- @gustavoarizpe: *Me gustaría generar algunas ideas contigo desde tu perspectiva medieval* http://twitter.com/gustavoarizpe/status/22810967541
- @lordjerome: *Me fastidian los emprendedores que quieren el fisco de Burundi, la infraestructura de Finlandia y la mano de obra de India* http://twitter.com/lordjerome/status/4496785807
- @mrubio: *Como se me hinche la vena, busco financiación en empresarios chinos* http://twitter.com/mrubio/status/7094887006
- @ojomagico: *Autónomo: persona que se autoexige, autoestimula, autocritica, autocastiga, autoconsuela, autodeprime, y a veces, se autodestruye* http://twitter.com/ojomagico/status/9938150294

ENTRAÑABLES

- @Alibaimor: *Cuesta menos creerse ciertas mentiras que la verdad*
  http://twitter.com/Alibaimor/status/2438389585

- @CaroQ: *A veces se me olvida que tengo todo lo que necesito para conseguir todo lo que quiero :)*
  http://twitter.com/CaroQ/status/11029633786

- @diegorottman: *El mundo se divide en tres clases de personas: los que dicen Madonals, los que dicen Macdonals y los que dicen Macdonalds*
  http://twitter.com/diegorottman/status/4632138734

- @dreig: *Lo que internet ha unido, que no lo separe el hombre :)*
  http://twitter.com/dreig/status/10081736662

- @Isasperandio: *Yo siempre digo Sí a las personas que siempre me dicen No*
  http://twitter.com/Isasperandio/status/4678983512

- @JesusEncinar: *Todos somos frikis de algo*
  http://twitter.com/JesusEncinar/status/19059887430

- @korochi: *La nostalgia ya no es lo que era*
  http://twitter.com/korochi/status/25229966739

- @kurioso: *Twitter es como la vida real, acabas teniendo más afecto por los que muestran lo que sienten, no sólo lo que piensan...*
  http://twitter.com/kurioso/status/28996355345

- @lordjerome: *Una de mis hijas me acaba de agregar como amigo en Facebook. No sé qué pensar O-O*
  http://twitter.com/lordjerome/status/6084874515

- @nathaliacanjura: *Queda prohibido llorar sin aprender...*
  http://twitter.com/nathaliacanjura/status/8024821798

- @Paloma: *Ojo que mi amiga no es perfecta, pero ¡es muy linda y atractiva! ¡Y siempre aparece con esas frases geniales!*
http://twitter.com/Paloma/status/3915193120

ESTADOS ALTERADOS

- @AgosPiana: *Este dolor de cabeza me está matando. Quiero 1 guillotina*
http://twitter.com/AgosPiana/status/18858350667

- @Alibaimor: *Me estoy empezando a mosquear*
http://twitter.com/Alibaimor/status/9835298102

- @elcocinerofiel: *Estaba dejando cosas para cuando vuelva la normalidad, pero me da a mí que la normalidad ya no vuelve*
http://twitter.com/elcocinerofiel/status/14640837930

- @elqudsi: *Pensando...*
http://twitter.com/elqudsi/status/26775948611

- @elqudsi: *Pensando (no es coña)*
http://twitter.com/elqudsi/status/5026377418

- @fernand0: *Últimamente me persigue la intensidad*
http://twitter.com/fernand0/status/6003059145

- @gpeltzer: *¿Es ansiedad dar vuelta la página antes de terminar de leerla?*
http://twitter.com/gpeltzer/status/5312512572

- @Isasperandio: *Nada me quita de la cabeza que al principio lo mejor es ser invisible. Siempre*
http://twitter.com/Isasperandio/status/1439302927

- @Isasperandio: *El carnaval es una gran mentira. El gran momento cuando el triste se hace feliz, el solitario tiene amigos, el callado se hace contento*
http://twitter.com/Isasperandio/status/1230362760

- @JamSession: *Creo que estoy empezando a delirar otra vez... ;-)* http://twitter.com/JamSession/status/8422088567
- @JesusEncinar: *Alucino con la gente que en su propio blog personal habla de sí mismo en tercera persona* http://twitter.com/JesusEncinar/status/1688663161
- @korochi: *Algo me dice que escucho voces* http://twitter.com/korochi/status/27866523167
- @mabelgalaz: *Anoche tres millones de personas vieron a Belén Esteban y sus respuestas en Telecinco. ¿Qué nos pasa?* http://twitter.com/mabelgalaz/status/301621821050880
- @merce: *Un poco de calma nos vendría bien a todos... de verdad* http://twitter.com/merce/status/24294699953
- @nicoleforttes: *Voy a contar hasta un millón* http://twitter.com/nicoleforttes/status/14698942823
- @pacotto: *Algún medio de comunicación ya ha pasado a cuarto y mitad de comunicación* http://twitter.com/pacotto/status/7182196901158912
- @perdomo: *Teléfono: – Hola JL, ¿te acuerdas de mí? Soy Rubén, ¿te pillo descolocado? – No, Rubén, ¡me pillas colocadísimo!* http://twitter.com/perdomo/statuses/313707102
- @Pixel_Jonan: *La información me embarga* http://twitter.com/Pixel_Jonan/status/4650410453
- @schuschny: *En este lugar estamos todos al borde de la cordura* http://twitter.com/schuschny/status/25321777394
- @Virginiapalonso: *Valorando los riesgos y ventajas de ser invisible* http://twitter.com/Virginiapalonso/status/12362343226

EXTRATERRESTRES

- @Astro_TJ: *Hello Twitterverse! We r now LIVE tweeting from the International Space Station – the 1st live tweet from Space! :) More soon, send your 's*
  http://twitter.com/Astro_TJ/status/8062317551

- @JesusEncinar: *La diferencia entre los blogs que leo y los tertulianos de radio es que los blogs sólo hablan de lo que saben*
  http://twitter.com/JesusEncinar/status/8315549016

- @korochi: *Cada tanto la NASA publica alguna actualización sobre sus misiones. Nada del otro mundo*
  http://twitter.com/korochi/status/28995865757

- @korochi: *No me preocupa que la NASA le lance un misil a la Luna, me preocupa que la NASA de allá conteste*
  http://twitter.com/korochi/status/4791680175

FAMILIARES

- @AlbertoNahum: *«Mamá, estoy buscando a papá para repasar los deberes. ¿Sabes dónde está?» «Ay, hijo mío, yo que sé. ¡Mira a ver en Twitter!»*
  http://twitter.com/AlbertoNahum/status/24693714374

- @delia2d: *Un consejo, amiguitos: si alguien de vuestra familia os dice que le miréis eso de la TDT que no les va bien, decid NO*
  http://twitter.com/delia2d/status/6009201601

- @esthernet: *Os dejo, los niños han vuelto*
  http://twitter.com/esthernet/status/20211745684

- @faqoff: *«Mamá, me ha llegado una camiseta de esas con realidad aumentada» Ella «¿Realidad aumentada? ¿Eso vale para la cuenta del banco?»*
  http://twitter.com/faqoff/status/9063062629

- @hablaMachel: *¡¡¡Cuánto ha crecido mi hija!!!*
http://twitter.com/hablaMachel/status/10424169897
- @javierduro: *Un padre es alguien que sabe cuándo hay que echarte una mano :D*
http://twitter.com/javierduro/status/4636083926
- @josedaze: *Pese a las desgracias que han tenido que vivir, pese a que él sea como un niño pequeño y ella su cuidadora, mis padres se siguen amando*
http://twitter.com/josedaze/status/19679309287
- @josedaze: *¿Tu padre qué tipo de música te ponía de pequeño? A mí, el mío, grupos Status Quo, Queen, Led Zeppelin o Rolling Stones*
http://twitter.com/josedaze/status/24664252637
- @gallir: *Menéame es como un hijo, lo amas y es el proyecto de tu vida, pero sólo gasta y no ves la hora que se vaya de casa :-P*
http://twitter.com/gallir/status/5126282247
- @laquesefue: *Mi madre tiene Facebook y me sigue en Twitter. Mi vida está oficialmente arruinada*
http://twitter.com/laquesefue/status/6053831612
- @luisrull: *Mi familia descubrió ayer mi Twitter. Mis padres cumplirán su sueño: tenerme controlado sin tener que darme de comer*
http://twitter.com/perdomo/statuses/313707102
- @MarielaBejar: *Siempre que empiezo a flaquear, pienso en lo maravillosas personas, fuertes e inteligentes y generosos que son mis padres y me levanto*
http://twitter.com/MarielaBejar/status/3407329923960833
- @MariTriniGiner: *Hoy mi hermano va a la boda del ex de mi hermana*
http://twitter.com/MariTriniGiner/status/11380214315618304

- @mercemolist: *Ostras, estoy tan bien haciendo de mamá que creo que no volveré nunca más a internet xD*
  http://twitter.com/mercemolist/status/247245075958988

- @pjorge: *Mi hija ha pedido un violín y un caballete. No sé qué hemos hecho mal*
  http://twitter.com/pjorge/status/7399281284

- @ricardo_basurto: *Mamá, estoy bien*
  http://twitter.com/ricardo_basurto/status/21983390678

GASTRONÓMICOS

- @adelgado: *«Señoras que enseñan a Jaime Oliver a cocinar» http://j.mp/doRi1G (vídeo)*
  http://twitter.com/adelgado/status/13304676811

- @AlbertoNahum: *Las mejores ensaladillas rusas las siguen poniendo en los bares de #Murcia*
  http://twitter.com/AlbertoNahum/status/20562197402882048

- @angeljimenez: *Por cierto, voy a intentar crear un nuevo cocktail para este verano: vodpacho (vodka + gazpacho) a favor/ en contra? El ajo me hace dudar*
  http://twitter.com/angeljimenez/status/17027967328

- @angeljimenez: *Lo que me recuerda la lección más importante que aprendí en un curso de cata: un buen vino es un vino que te gusta*
  http://twitter.com/angeljimenez/status/5771822515

- @claudiobravo: *Yo me río de su sandwich de patatas fritas y ellos de nuestro bocata de tortilla de patatas*
  http://twitter.com/claudiobravo/status/8162396423

- @do203: *Comprobado, más importante que lo que hay en la mesa, es lo que hay en las sillas*
  http://twitter.com/do203/status/7457049252208640

- @estebant: *Yo creo que un langostino más sí me comía* http://twitter.com/estebant/status/7041773886
- @gpeltzer: *Aunque haya una sola persona y el buffet sea bien grande, siempre habrá alguien eligiendo justo lo que uno quiere. Es una nueva ley física* http://twitter.com/gpeltzer/status/4030838085
- @JulioPTR: *Lo mejor de una buena comida es con quién comes* http://twitter.com/JulioPTR/status/27340060174
- @infopildoras: *Me voy a meter un bocadillo de jamón, aceite, tomate y ajo que me voy a arrepentir toda la noche. Así de miserable es la condición humana* http://twitter.com/infopildoras/status/22048165381279744
- @LuisCarlos: *Terminé de hacer un gran arroz en coco. Haces el arroz igual, salado, pero usas leche de coco que sacas al licuarlo y colarlo* http://twitter.com/LuisCarlos/status/8710902352
- @marabales: *Lo mejor de este frío es la onda «sopa, pan y vino» :p* http://twitter.com/marabales/status/6352567126728704
- @marccortes: *Momento crisis, no hay patatas para la crema de calabacín* http://twitter.com/marccortes/status/8147319197
- @PauloQuerido: *¡Comida!* http://twitter.com/PauloQuerido/status/6121573737
- @perezreverte: *Cordero en trozos pequeños sin grasa, especias morunas, cebolla, pimiento, sal, aceite de oliva. Macerado una noche. Carbón de leña, punto exacto* http://twitter.com/perezreverte/status/14968893013
- @rahego: *Nota mental: antes de ponerse a hacer un arroz con algo, asegurarse de que tienes arroz en casa* http://twitter.com/rahego/status/1612193293

- @sblanco: *Por si alguien no lo sabía yo hago un bizcocho estupendo, y de mi queimada ni hablamos ;)*
http://twitter.com/sblanco/status/1356714897047552O

- @Virginiapalonso: *Yo me lo guiso... ellos se lo comen*
http://twitter.com/Virginiapalonso/status/1040765211906048

GENERACIONES INTERACTIVAS

- @20hitcombo: *Escucho la radio en la tele, veo la tele en el PC, navego en la consola y juego en el móvil, ¿para qué debería usar la freidora?*
http://twitter.com/20hitcombo/status/15193845253

- @antonello: *De un profe: «Los alumnos más espabilados copian de Encarta, que ésa no la miramos como Wikipedia»*
http://twitter.com/antonello/status/8816753663

- @antonello: *Entrañables los correos de estudiantes para que les ayudes con los deberes*
http://twitter.com/antonello/status/13410933411

- @elqudsi: *No me preocupan los nativos digitales ni los inmigrantes digitales sino los apátridas digitales, que los hay y en puestos directivos ;)*
http://twitter.com/elqudsi/status/20745555489

- @EsCosaDeJovenes: *Hoy vivimos en la generación «WTF»... Wikipedia, Twitter y Facebook*
http://twitter.com/EsCosaDeJovenes/status/26112089747623936

- @EsCosaDeJovenes: *El corazón debería tener un botón de «eliminar contacto» y la memoria uno de «borrar historial»*
http://twitter.com/EsCosaDeJovenes/status/22335407507

- @esthervargasc: *Hoy recibí el CV de un «nativo digital» que linkeaba su blog sin entradas y su Twitter sin tuits*
http://twitter.com/esthervargasc/status/14406128994

- @ovidiov: *Mis abuelos para saber el tiempo se fijaban en el Zaragozano, mis padres en el telediario, mis hijos en la BB y yo le pregunto a @digitalmeteo*
  http://twitter.com/ovidiov/status/11525860671

- @Pixel_Jonan: *Conjugación de presente el verbo Procrastinar: you tube, tú flickeas, él facebookea, nosotros tuiteamos, vosotros blogueais, ellos tuenti*
  http://twitter.com/Pixel_Jonan/status/26389970425

GEOGRÁFICOS

- @amfumero: *¿Por qué tuitear? porque es tan peligroso ser todo contenido como todo continente. Si no que se lo pregunten a Europa :)*
  http://twitter.com/amfumero/status/4520207450

- @anderiza: *Los islandeses se lo están pasando bomba. ¡Aprenda a pronunciar Eyjafjallajokull, carajo!*
  http://twitter.com/anderiza/status/12283384489

- @fencinar: *En los 90 no queríamos móviles para no estar localizables y ahora con 4sq nos pasamos el día estoy aquí y aquí y aquí*
  http://twitter.com/fencinar/status/9296262989

- @mtorchiari: *Tengo ganas de ir al balneario. Son unas 10 cuadras, pero acá parecen 100 000 :S*
  http://twitter.com/mtorchiari/status/20477006860779520

- @vanis: *Extranjero que va a Tigre me pregunta por qué se llama así, le dije que no sabía, pero que antes era el partido de Las Conchas*
  http://twitter.com/vanis/status/21663963960

- @warkentin: *Torreón again, Guadalajara hace rato, Juárez casi siempre, el DeFe de vez en vez creciente ¿qué más necesitamos?*
  http://twitter.com/warkentin/status/18857055105

GEOMÉTRICOS

- @marilink: *La distancia más corta entre dos puntos últimamente es Twitter*
  http://twitter.com/marilink/status/3624392404
- @MRehnfeldt: *Acuérdense de mí cuando oigan o vean un triángulo*
  http://twitter.com/MRehnfeldt/status/5594806835

HOGAREÑOS

- @Alibaimor: *Tengo dos opciones: o salir de casa o no*
  http://twitter.com/Alibaimor/status/24195831632
- @Alibaimor: *Habría que pensar en cenar, pero es que paso de pensar*
  http://twitter.com/Alibaimor/status/10638299627
- @angeljimenez: *Limpiando la casa y mis feeds al mismo tiempo...*
  http://twitter.com/angeljimenez/status/22466477119
- @dee_dee_dee: *Los fantasmas de mi departamento están bien perfumados*
  http://twitter.com/dee_dee_dee/status/23990819198
- @furilo: *Pensando, una vez más, que me encanta mi barrio y la casa donde vivo. No siempre tenemos que estar quejándonos, ¿no?*
  http://twitter.com/furilo/status/1406729725
- @furilo: *Me piden que deje de cambiar el mundo para tender una lavadora. Así no vamos a ningún lado :)*
  http://twitter.com/furilo/status/9430010953
- @Isasperandio: *Mi vida en este piso ha durado lo mismo que un paquete de sal*
  http://twitter.com/Isasperandio/status/3069722011

- @lsmntr: *Vaya, me he dejado el móvil en casa. A ver si cuando llegue esta tarde me ha recogido la casa un poco* http://twitter.com/lsmntr/status/10662992298
- @jorgeguitian: *Placeres dominicales: levantarse tarde y hacer que la casa huela a café y tostadas calentitas. Con eso se te quitan todos los males* http://twitter.com/jorgeguitian/status/25577037641
- @jesusgordillo: *El mundo 1.0 me llama a gritos, voy a ver qué quiere ;)* http://twitter.com/jesusgordillo/status/1651961472
- @makinenn: *¡¡¡HUMO EN LA COCINA!!!!* http://twitter.com/makinenn/status/5707168065
- @marilink: *¡Benditas las madres que vienen de visita y te cocinan esa comida de madre todos los días!* http://twitter.com/marilink/status/27435728068
- @ojomagico: *Si estrenas piso, trata de no llenarlo de cosas porque al final las cosas serán dueñas del piso* http://twitter.com/ojomagico/status/16227044257959936
- @pablomatamoros: *En esta casa se come más palta que mantequilla* http://twitter.com/pablomatamoros/status/17261767399
- @pronetpc: *Cuando un piloto de #F1 le dice a su mujer que sale a dar una vuelta, ella sabe que miente* http://twitter.com/pronetpc/status/3809599954096128
- @torresburriel: *Comer canelones de tu madre es un win insuperable* http://twitter.com/torresburriel/status/17163135041

IMAGINATIVOS

- @4Colors: *He comido con gente de YouTube y me he embebido dos cervezas yo solo, sin compartir. Les ha sentado fatal* http://twitter.com/4Colors/status/12948599196
- @abladias: *Sería bonito poder regalar tiempo* http://twitter.com/abladias/status/1984557410
- @adelgado: *Me parto de risa al ver noticias que son reales recopiladas en «Las mejores inocentadas de 2010»* http://twitter.com/adelgado/status/19721588144349184
- @chicaseo: *¿Cuándo se va a inventar un robot que sea gratis, que lave los platos y que arregle la casa? :P* http://twitter.com/chicaseo/status/4109431770
- @crism321: *No terminamos de IMAGINAR nunca...* http://twitter.com/crism321/status/17506696161
- @gallir: *Creatividad imposible: diseñar un logo para un producto/actividad relacionado con Twitter que no tenga un pajarito* http://twitter.com/gallir/status/20919156608
- @JamSession: *Si tuviese que poner nombre a un pienso para perros, sería «Luego existo»* http://twitter.com/JamSession/status/2060026327863296
- @javierduro: *Imagina que tuviéramos tiempo (y neuronas) para escribir un poco* http://twitter.com/javierduro/status/15179876461977600
- @korochi: *Robin se vestía como si lo asesorara Google* http://twitter.com/korochi/status/15442858429390851
- @kurioso: *Ocean's Eleven. Diseñada para que los hombres imaginen qué hacer con el dinero, mientras sus mujeres imaginan qué hacer con Pitt o Clooney* http://twitter.com/kurioso/status/20616895786917888

- @labrujulaverde: *A veces pongo «Sultans of swing» en el ipod, cierro los ojos y de repente tengo 20 años menos, y el mundo es perfecto*
  http://twitter.com/labrujulaverde/status/18844115478
- @LibrodeNotas: *Un grupo terrorista irrumpe en una reunión de altos directivos y secuestra 12 ipods. Amenazan con borrar las canciones una a una*
  http://twitter.com/LibrodeNotas/status/10616046412
- @marabales: *Cada vez que escucho a Amy Winehouse quiero estar en Londres a punto de pedir un Jack Daniels. No rocks, please...*
  http://twitter.com/marabales/status/20902877077
- @minervisha: *Si la banana no tiene rabito, se la abre con la uña y punto*
  http://twitter.com/minervisha/status/3106298287620096
- @Papelimaginado: *Todo puede ser ficción, pero no todo puede ser realidad*
  http://twitter.com/Papelimaginado/status/20178866127503360
- @SeDibujanTuits: *Lo que el pinche mundo realmente necesita es que empecemos a ver colores que antes no veíamos*
  http://twitter.com/SeDibujanTuits/status/21371118884

INCREÍBLES

- @estratega: *Tal como están las cosas, descarto todo lo que no sea inverosímil*
  http://twitter.com/estratega/status/1138679312
- @estratega: *Hay tanto dinero en juego en este juego que cuesta creer que se lo jueguen jugando*
  http://twitter.com/estratega/status/11947532354
- @fernand0: *El domingo aparecen en la playa los artefactos más inimaginables :)*
  http://twitter.com/fernand0/status/21229562106

- @jesusencinar: *En los próximos meses podemos ver cosas impensables convertirse en inevitables sin pasar antes por improbables*
  http://twitter.com/JesusEncinar/status/13658523525
- @JoseErre: *Email dice que gané $1 000 000 pero tengo que responder para obtener mi premio. Demasiado trabajo, no vale la pena*
  http://twitter.com/JoseErre/status/21918609809
- @jesusgordillo: *WTF! Viene un «detective privado» a la ofi a darnos su tarjeta y se ofrece para «cualquier tipo de investigación» o «coger el teléfono»*
  http://twitter.com/jesusgordillo/status/21397104881
- @perdomo: *Cada vez soy más escéptico con los escépticos*
  http://twitter.com/perdomo/status/21483572360

INFLUYENTES

- @abladias: *Dime lo que lees y te diré quién te leerá*
  http://twitter.com/abladias/status/7644107128
- @gallir: *Hay que tener enchufe para que te cedan un coche eléctrico*
  http://twitter.com/gallir/status/20966353663
- @Guerraeterna: *Las campañas perfectamente orquestadas suelen pagar el salario mínimo a los violinistas*
  http://twitter.com/Guerraeterna/status/8856049824
- @jorgegalindo: *#No, #el #hacer #un #hashtag #de #cada #cosa #que #digas #no #te #va #a #convertir #en #un #trendsetter*
  http://twitter.com/jorgegalindo/status/16834410512
- @lsmntr: *Un gin tonic vale más que mil palabras*
  http://twitter.com/lsmntr/status/12784621383

- @martavines: *Un gurú es alguien que dice lo mismo que tú, pero le retuitean*
  http://twitter.com/martavines/status/7194672319
- @mjcalvimontes: *Lo importante no siempre es saber, sino tener el @ del que sabe ;)*
  http://twitter.com/mjcalvimontes/status/25235534366
- @Yoriento: *Todas las personas son interesantes si lees los tuits adecuados ;)*
  http://twitter.com/Yoriento/status/17482201655

INSOMNES

- @davidalvarez: *¿Sabéis cómo es caminar a oscuras por el pasillo de una casa ajena?*
  http://twitter.com/davidalvarez/status/6898841125
- @laquesefue: *Yo no cuento ovejas cuando no puedo dormir, cuento tuits...*
  http://twitter.com/laquesefue/status/12866600488
- @laquesefue: *Quien diga que el insomnio despierta la creatividad puede irse mucho al carajo*
  http://twitter.com/laquesefue/status/21292486877
- @loogic: *Me despierto y me encuentro con que una idea se está haciendo realidad*
  http://twitter.com/loogic/status/1386847231
- @LuisCarlos: *Acaba de cantar un gallo, es la 1am y nosotros debemos ir a la radio en 6 horas*
  http://twitter.com/LuisCarlos/status/8797946901
- @mtorchiari: *Quiero dormir. ¡No quiero un pingüino en la granja!*
  http://twitter.com/mtorchiari/status/7922541023

LABORALES

- @alejandrosuarez: *Todo mejorará cuando mayoritariamente la gente aspire a ser Bill Gates, Steve Jobs o Amancio Ortega, y no a trabajar en la Seguridad Social*
http://twitter.com/alejandrosuarez/status/16603452513

- @anderiza: *Consejo de un amigo muy sabio: «Recupérate con calma, pero no te recuperes mucho, cansado se está más lúcido y se hace sólo lo necesario»*
http://twitter.com/anderiza/status/4550983347

- @anlugonz: *Qué raros estos últimos días. Llevando una vida completamente 1.0 y trabajando como loca en el mundo 2.0*
http://twitter.com/anlugonz/status/1426830628

- @ba_anderson: *Hoy me junto con un par de asesinas, a ver cómo me va...*
http://twitter.com/ba_anderson/status/4943556491

- @bimbacha: *Y he tenido una iluminación, hay unos que teorizan y otros que curran #estonopuedeser con lo buena teórica que soy yo*
http://twitter.com/bimbacha/status/7925164050227200

- @delia2d: *«Trabajando» debe ser el tuit menos frecuente de Twitter*
http://twitter.com/delia2d/status/1014903668

- @esthervargasc: *Siempre hay formas de retrasar el trabajo ajeno. ¡Genios!*
http://twitter.com/esthervargasc/status/5563531532

- @estratega: *No debería tuitear estando reunido*
http://twitter.com/estratega/statuses/814835559

- @estratega: *Que piscina y oficina rimen es un sarcasmo*
http://twitter.com/estratega/status/19054415702

- @fernand0: *Resolviendo asuntos que eran urgentes ayer :(* http://twitter.com/fernand0/statuses/782855733
- @GuillermoLPD: *Qué fastidio, se acabó el puente. ¿Tanto costaba prolongarlo un poco más y enlazar con las Navidades?* http://twitter.com/GuillermoLPD/status/12782245278392320
- @infopildoras: *Aviso a jetas, robatiempos, picosdeoro, calientamesas, gorrones y haraganes en general que estoy desarrollando una técnica para oleros a 10 km* http://twitter.com/infopildoras/status/3096244624826368
- @jmnoguera: *De nuevo conflicto entre en lo que me apetece trabajar y en lo que tengo que trabajar...* http://twitter.com/jmnoguera/status/4684693091
- @JRMora: *Para 2011 sólo pido un poco más de curro, a ser posible cobrando* http://twitter.com/JRMora/status/20773220655308800
- @loogic: *Se nota muchísimo cuando a una persona no le gusta su trabajo, la cara lo dice todo* http://twitter.com/loogic/statuses/817520069
- @Patton: *No sé cómo hace la gente para trabajar y tuitear activamente todo el día #dejentrinar* http://twitter.com/Patton/status/5662001972
- @Queith: *Plan de hoy: dividir trabajo y enviar paquetitos :]* http://twitter.com/Queith/status/8358372896
- @rpicallo: *Mi padre nunca tuvo problemas para explicar su trabajo. Y yo cada vez tengo más para que entiendan el mío* http://twitter.com/rpicallo/status/22199138545
- @silviacobo: *Cada día me piden cosas más raras...* http://twitter.com/silviacobo/status/25325975320

MERCANTILES

- @Alibaimor: *No me gusta nada que me llamen «señora» en el súper*
  http://twitter.com/Alibaimor/status/9249142771
- @antonello: *Poniendo un precio que no va a colar para una propuesta que no quiero hacer*
  http://twitter.com/antonello/status/8758273644
- @blogrevelados: *Hoy es el cumpleaños de mi hipoteca. ¡Qué ganas tengo de que sea mayor de edad!*
  http://twitter.com/blogrevelados/status/8365746287
- @delia2d: *No os metáis con Zara.com, es guay. Yo ya no necesitaré salir a la calle jamás aunque entonces tampoco necesitaré ropa. Sigh*
  http://twitter.com/delia2d/status/22873685230
- @elbaronrojo: *Lo bueno de vender tus memorias es que después puedes comprarte otras que te gusten más*
  http://twitter.com/elbaronrojo/status/19133557469351937
- @LuisCarlos: *Es absurdo que el pollo de los Hermanos Riviera tenga precios más altos y mucho menos categoría que el Mundo del Pollo*
  http://twitter.com/LuisCarlos/status/1025622608453632
- @negredo: *Cuando oigo anuncios de tiendas de muebles como «El rebajón de la ardilla», entiendo mejor a los pamploneses que reclaman un Ikea*
  http://twitter.com/negredo/status/17033588835
- @Papelimaginado: *Pago en tuits, cobro en timelines*
  http://twitter.com/Papelimaginado/status/7908856931819521
- @Pixel_Jonan: *Las notas de prensa de las empresas de antivirus son apocalípticas*
  http://twitter.com/Pixel_Jonan/statuses/217972332

METAFÓRICOS

- @4Colors: *Arrastrar y soltar, cortar y pegar, cuánta violencia en el sistema*
  http://twitter.com/4Colors/status/7414122811498496
- @ba_anderson: *«Solamente la cuchara sabe lo que tiene el fondo de la olla»*
  http://twitter.com/ba_anderson/status/12264201832
- @byuste: *Habrá que replantearse el camino, y eso que hay pocos cruces de vías*
  http://twitter.com/byuste/status/9296512995
- @do203: *Es curioso comprobar que las cenizas a veces te impiden volar*
  http://twitter.com/do203/status/12277736715
- @do203: *He tirado la lista de expectativas a la papelera de reciclaje, he formateado la esperanza y ahora soy todo voluntad*
  http://twitter.com/do203/status/13900955489
- @elbaronrojo: *A los ciclistas les pasa lo típico: que sólo querías salir a dar una Vuelta y acabas metiéndote de todo*
  http://twitter.com/elbaronrojo/status/13650336367509504
- @negredo: *En el fondo, no soy más complejo que un disquete: modo lectura y modo escritura. Memoria casi igual de limitada; un poco más rápido, quizá*
  http://twitter.com/negredo/status/20697281978
- @pacotto: *A veces, en internet, me siento náufrago. Nado pero no avanzo. Braceo pero no me fortalezco. Trago agua pero no me hidrato*
  http://twitter.com/pacotto/status/5428927027
- @Pixel_Jonan: *Lo del CERN es una campaña encubierta de la DGT: si pisas el acelerador hasta los hadrones, se producen grandes colisiones*
  http://twitter.com/Pixel_Jonan/status/11303941016

- @RobertoCarreras: *No entiendo cómo el humo que nos rodea permite volar al pajarillo de Twitter*
  http://twitter.com/RobertoCarreras/status/12627128865

- @simdalom: *Cuando iba a lanzar el dardo me quitaron la diana*
  http://twitter.com/simdalom/status/12587251779

METEOROLÓGICOS

- @dariogallo: *4.45 ahora sí llueve lindo. Refrescó, se calmaron los perros y se apagaron los ventiladores*
  http://twitter.com/dariogallo/status/8404359185

- @digitalmeteo: *En general, puede llover en cualquier sitio, en cualquier momento. Aunque habrá zonas sin lluvia. Siento ser tan impreciso, es lo que hay*
  http://twitter.com/digitalmeteo/status/15915373388

- @digitalmeteo: *Son situaciones de tormentas muy fuertes que quedan ancladas en un lugar muy concreto y descargan muchísima agua en muy poco tiempo*
  http://twitter.com/digitalmeteo/status/21416792274

- @korochi: *No tengo ningún interés en saber cómo estará el clima, contra todos los pronósticos*
  http://twitter.com/korochi/status/16731001055

- @lima_limon: *Antes mirábamos el cielo para saber el tiempo, ahora el móvil*
  http://twitter.com/lima_limon/status/28487337792

- @maldaz: *¡Madre mía, qué rápido se seca el suelo con este calor!*
  http://twitter.com/maldaz/status/21851929615

- @marabales: *Me siento como en una nube. Cuesta discernir si es a causa de la incertidumbre o el tremendo calor*
  http://twitter.com/marabales/status/20127599831

MNEMOTÉCNICOS

- @aberron: *Anoche, con cuatro copas, dijimos cosas mucho más interesantes sobre los blogs. Pero no las recuerdo :-P #ebe09*
http://twitter.com/aberron/status/5715340953
- @davidalvarez: *Olvidé algo que escribí que no quería olvidar*
http://twitter.com/davidalvarez/status/1868823160
- @gentedeinternet: *La revelación, simple y fascinante como una puesta de sol, le sacó de la cama. La apuntó y volvió a dormir. Pero jamás encontró el papel*
http://twitter.com/gentedeinternet/status/4968125400
- @lopezjd: *Tengo la sensación de que me estoy olvidando algo*
http://twitter.com/lopezjd/status/5647556820
- @marilink: *Acordándome de cosas que no quiero decir ahora y que luego olvidaré*
http://twitter.com/marilink/status/24398055714
- @nicoleforttes: *Necesito una pizarra para anotar mis «grandes pensadores»*
http://twitter.com/nicoleforttes/status/1708981508
- @Papelimaginado: *Tener la conciencia limpia es signo de mala memoria*
http://twitter.com/Papelimaginado/status/2788843598123008
- @pjorge: *Intentando recordar cuántos blogs tengo*
http://twitter.com/pjorge/status/5557869098
- @vanesa: *Recordando al primer trago por qué nunca me cojo café de máquina*
http://twitter.com/vanesa/status/21324901273

MOMENTOS SUBLIMES

- @abladias: *Decidiendo si tuiteo para decir que tuiteo, o realmente para tuitear*
  http://twitter.com/abladias/status/9273284836

- @Alibaimor: *De un modo u otro se tenía que liar la cosa, y ya estaba tardando :(*
  http://twitter.com/Alibaimor/status/5646229123

- @bimbacha: *Anoche pensaba en mis clases de filosofía del lenguaje de la facultad. Bueno, ahora también*
  http://twitter.com/bimbacha/status/27959199394

- @davidalvarez: *La extrañeza de darse cuenta de que se echa algo de menos al reencontrarlo. Sin haberlo sospechado antes*
  http://twitter.com/davidalvarez/status/13206279170

- @do203: *En las vacaciones te das cuenta que uno realmente es el que va en pantalones cortos y tu avatar es el que se pone la chaqueta, la corbata...*
  http://twitter.com/do203/status/18852102113

- @fernand0: *Ese pato de goma gigante se dirige hacia nosotros. Dora la exploradora se supera :)*
  http://twitter.com/fernand0/status/21385545080

- @furilo: *No tuiteando una reflexión profunda y que probablemente a la mayoría de la gente no le diga nada*
  http://twitter.com/furilo/status/3910434027

- @GuzmanGarmendia: *He visto la luz...*
  http://twitter.com/GuzmanGarmendia/status/29308752058

- @inroyo: *¡Se me acaba de caer la tostada encima del pantalón, y no por el lado de la mantequilla! ¡Ja! Murphy, ¡te gané!*
  http://twitter.com/inroyo/status/20973129387

- @LuisCarlos: *Estuve en la dimensión desconocida con las decoradoras de la boda*
http://twitter.com/LuisCarlos/status/5660521709
- @LynGlass: *No veo la hora de meter los pies en la arena*
http://twitter.com/LynGlass/status/3166718054637568
- @mjcalvimontes: *Excelente, mis vecinos del piso de arriba y el de abajo «se pusieron de acuerdo» para taladrar...*
http://twitter.com/mjcalvimontes/status/11382242657
- @mtorchiari: *¿Viste cuando te disponés a hacer una pelotudez para perder el tiempo y se te ocurre buscarlo en Google y lo encontrás hecho?*
http://twitter.com/mtorchiari/status/13684427375
- @nicoleforttes: *Estoy en un lugar donde todos se conocen y yo no conozco a nadie*
http://twitter.com/nicoleforttes/status/2930570794
- @Paloma: *Viviendo los 5 minutos finales en el trabajo donde he pasado los últimos 5 años de mi vida. Muy emotivo*
http://twitter.com/Paloma/statuses/681139902
- @sebasmuriel: ... *Típico momento «no sé dónde tienes la cabeza, pero no es aquí» y sin réplica posible ;-) ...*
http://twitter.com/sebasmuriel/status/11478715235
- @simdalom: *Las horas pasan leeeentaasss, muuuuuyyy leeeeentaaaassss*
http://twitter.com/simdalom/status/21990324535
- @sorprendida: *En Miraflores oyendo pajaritos y mirando las montañas. Crece deseo de ser ermitaña :)*
http://twitter.com/sorprendida/status/19090858883
- @pjorge: *Al fin tengo mi nueva lámpara*
http://twitter.com/pjorge/status/8077056673

- @warkentin: *Se hace una especie de silencio, casi esencial. Y ahí va la luna, ¡sabe bien que la escena es toda suya!* http://twitter.com/warkentin/status/17110129656729600

- @warkentin: *Ésta es una de esas noches, transparente, en que lo mejor es fugarse. Con amores y por ellos* http://twitter.com/warkentin/status/19056692972

MUSICALES

- @4Colors: *Me desconciertan cuando anulan un concierto* http://twitter.com/4Colors/status/13359417664

- @Alibaimor: *¿Alguien se sabe bien el «Pinto, pinto, gorgorito»?* http://twitter.com/Alibaimor/status/14751212487

- @anibaldelatorre: *Esto no lo arregla ni el Spotify...* http://twitter.com/anibaldelatorre/status/9304275005

- @borjaventura: *Uno sabe que empieza el día cuando hace doble clic sobre el icono de Spotify* http://twitter.com/borjaventura/status/1443606395

- @Garzari: *«Me muero por conocerte». Aquí me tienes, Álex Ubago, encantado, un placer. Ahora cumple tu parte* http://twitter.com/Garzari/status/22235822195482624

- @josedaze: *Ohhhhhhhhhh noooooooooo... me he cargado la guitarra :(* http://twitter.com/josedaze/status/4582963522

- @sorprendida: *Todo el mundo debería empezar su fin de semana a ritmo de Marvin Gaye, habría mejor rollo ;)* http://twitter.com/sorprendida/status/8679515744

- @vanesa: *Grandes éxitos de ayer (Boney M) y de hoy (Tengo un tractor amarillo) o necesito vacaciones o necesito un antivirus* http://twitter.com/vanesa/status/21472537779

- @zanoni: *Manejar sin radio ni música es como jugar al fútbol sin arcos*
  http://twitter.com/zanoni/status/1719841737

NACIONALES

- @ba_anderson: *Me sigue @PanchoVilla (¿señal de que se viene el centenario de la Revolución?)*
  http://twitter.com/ba_anderson/status/24042612387
- @gpeltzer: *El argentino es un pueblo mal dormido*
  http://twitter.com/gpeltzer/status/3953645152
- @gpeltzer: *¿Tiene que ser así? ¿No podemos cambiar la Argentina?*
  http://twitter.com/gpeltzer/status/5475828552
- @JuanMelano: *Estoy por hacer una pequeña contribución para el futuro de este país*
  http://twitter.com/JuanMelano/status/3142940427812864
- @JulioAlonso: *Este país es de Disney; las opciones son Goofy o los Golfos Apandadores :(*
  http://twitter.com/JulioAlonso/status/4676690391
- @LuisCarlos: *Yo no sé por qué cada vez hay más noticias si cada día hay menos país*
  http://twitter.com/LuisCarlos/status/14617366534
- @minervisha: *Lo único que se confirma en estos momentos históricos es que la estupidez es lo más democrático que existe*
  http://twitter.com/minervisha/status/29104590030
- @pablomatamoros: *Chilenos 2 – Tierra 0*
  http://twitter.com/pablomatamoros/status/27205540725
- @rebezuniga: *¿Será que solamente en Guatemala las cosas se caen o se descomponen solas?*
  http://twitter.com/rebezuniga/status/17279137384

- @ojomagico: *Éste es un país de gente prometedora: se pasan todo el día prometiendo cosas que no pueden cumplir*
http://twitter.com/ojomagico/status/14701365392

NÁUTICOS

- @4Colors: *Ahora me iría a navegar un rato con el yate. No tengo, pero me iría*
http://twitter.com/4Colors/status/25135783631

- @JuanMelano: *Escuchando el agua golpear contra el casco del barco, el viento que apenas infla las velas*
http://twitter.com/JuanMelano/status/11198731893

- @pacotto: *RT @Colon1492: Oyes, @Fernando2, no me hagas escribir la historia en 140 siglos. Díselo a @IsabelCat #descubrimiento*
http://twitter.com/pacotto/status/10389951576

NAVIDEÑOS

- @Alibaimor: *Y sí, algún día yo también tendré unas navidades especiales, emotivas, inolvidables y chulas*
http://twitter.com/Alibaimor/status/21214876441518080

- @elqudsi: *Si la gente fuese a diario sólo un 1 % de lo buena persona que es en Navidad se acabaría el hambre en el mundo, las guerras y los wikileaks*
http://twitter.com/elqudsi/status/18310603013619712

- @fernand0: *Esta mañana abrí un panetone que nos regalaron y ha resultado ser una magdalena venida a más (pero poco)*
http://twitter.com/fernand0/status/22431591024300032

- @furilo: *Mi abuela se quiere saltar la pastilla: «¡¡En Navidad no se toman pastillas!!»*
http://twitter.com/furilo/status/18678973407956992

- @gpeltzer: *Mataré al que me diga «Feliz Navidad si no te veo»*
  http://twitter.com/gpeltzer/status/6974305952
- @jasepuch: *Días de «menos amigos en tiempo real y más tiempo real con los amigos»*
  http://twitter.com/jasepuch/status/19065308161507329
- @Joansinmiedo: *El olentzero me ha traído la Barbie Hipócrita, muy típica de estas fechas*
  http://twitter.com/Joansinmiedo/status/18681802633781248
- @josedaze: *Mi madre siempre me decía que deseara en Navidad cosas buenas. Cada año pido siempre lo mismo. Y nunca se cumple. Este año desearé otra cosa*
  http://twitter.com/josedaze/status/18251847689043968
- @JRMora: *Cómo ha cambiado la Navidad, me voy a una cena de empresa (que cerró hace unos años)*
  http://twitter.com/JRMora/status/16228277014233088
- @MarielaBejar: *Adoro la Navidad, pero el Corte Inglés y sus villancicos van a acabar con mi espíritu navideño ;-)*
  http://twitter.com/MarielaBejar/status/8911070957674496
- @rosamariaartal: *Van como zombis, cruzando por donde no deben, hablando por el móvil, ¿jugándose la vida?, cargados de bolsas y de roscones*
  http://twitter.com/rosamariaartal/status/22702664869486592
- @sorayapa: *Bando en el pueblo hace 10 m: «Las madres que quieran que los reyes entreguen los regalos, que los traigan, esta tarde, al ayuntamiento», XD!!*
  http://twitter.com/sorayapa/status/22302429479440384

ONÍRICOS

- @Alibaimor: *He soñado que tuiteaba que no podía dormir porque compruebo que no existe el tuit*
  http://twitter.com/Alibaimor/status/25005061859

- @crism321: *Despertando con los sueños intactos* http://twitter.com/crism321/status/24858865247
- @gustavoarizpe: *En mi sueño alucinado de hoy, buscaba yo una receta de panqueques en un libro titulado «Límites sonrientes»* http://twitter.com/gustavoarizpe/status/6084846865
- @Isasperandio: *Esta noche soñé con Cristiano Ronaldo (qué horror), que me invitó a su cumpleaños en la playa. Y ahí conversé con Michelle Obama* http://twitter.com/Isasperandio/status/20866132252
- @LibrodeNotas: *La pesadilla que se muerde la cola* http://twitter.com/LibrodeNotas/status/5583772147
- @loogic: *No me gusta soñar con clientes* http://twitter.com/loogic/status/25578001427
- @LuisCarlos: *Dormí toda la noche arrullado por un festival de joropo tuyero, pero me despertó el himno de AD. Susto* http://twitter.com/LuisCarlos/status/21229613339
- @marabales: *Pesadilla recurrente: tiro una colilla encendida × el balcón y cae justo adentro de un cochecito. Me hace sentir fatal* http://twitter.com/marabales/status/14966822079
- @mgonzalezcoloma: *Que aparezcas en mis sueños no significa que seas positivo para mí. Sigues y seguirás siendo el malo de la película, mal que te pese* http://twitter.com/mgonzalezcoloma/status/27436980793
- @Paloma: *Soñé que estaba en un pueblo de mochileros y me hacía amiga de un tipo de Ghana (negro) cuyos padres eran tibetanos (¿qué significará?)* http://twitter.com/Paloma/status/2311734777872384

OPTIMISTAS

- @alorza: *Quejarse es una manera de estar en el mundo (no la mía)* http://twitter.com/alorza/status/4491999786
- @bimbacha: *Sólo esperemos que todo funcione, al menos, con normalidad* http://twitter.com/bimbacha/status/17134281566461952
- @crism321: *Estoy tan joven que no encuentro imposibles* http://twitter.com/crism321/status/6589569320
- @esthervargasc: *No todo puede ser tan malo* http://twitter.com/esthervargasc/status/9694533897945088
- @gpeltzer: *Y cuando no hay justicia por lo menos queda el periodismo* http://twitter.com/gpeltzer/status/12281312329076736
- @jasp: *Menos de 24 horas para ser millonario* http://twitter.com/jasp/status/6898683636
- @javierduro: *Llegados a este momento, os puedo garantizar que habrá sorpresas todos los meses de aquí a final de año* http://twitter.com/javierduro/status/4024493397

ORTOGRÁFICOS

- @4Colors: *Los puntos se convierten en suspensivos cuando entran en coma* http://twitter.com/4Colors/status/16682254329
- @4Colors: *La primera persona del pretérito del indicativo del verbo (to) «Have» es: you tube* http://twitter.com/4Colors/status/14366291238
- @CarmenPadron: *Antes de permitir abrir una cuenta en Twitter deberían hacer un examen que pruebe que sabes cuándo se usa «hay», «ay» y «ahí»* http://twitter.com/CarmenPadron/status/23032732745

- @gallir: *No entiendo lo de pretender exigir mínimo de edad para las redes sociales, con un corrector ortográfico se logra lo mismo*
http://twitter.com/gallir/status/3754654423

- @josefaparedes: *Vamos, que no se escribe «venir a verme» sino «venid a verme». Coño. Que hay mucha gente en paro*
http://twitter.com/josefaparedes/status/3623830578

PARECIDOS RAZONABLES

- @_prometeo: *Nadie es tan feo como en su DNI, tan guapo como en su FB, tan guay como en su Twitter, ni tan bueno como en su CV. (vía @Silkanti)*
http://twitter.com/_prometeo/status/22467760404

- @aberron: *Qué listos parecen a veces los menos tontos*
http://twitter.com/aberron/status/21414062694

- @albertomontt: *En las librerías, junto a la sección de auto-ayuda, debería estar una de auto-crítica*
http://twitter.com/albertomontt/status/25137143094

- @borjaventura: *Facebook se ha convertido en el «Google» de la gente. ¿Quieres saber algo de alguien? «Facebookea» su nombre*
http://twitter.com/borjaventura/status/8776370500

- @elbaronrojo: *En las personas y en los ordenadores es más fácil aumentar la memoria que la inteligencia*
http://twitter.com/elbaronrojo/status/13000991355965440

- @elqudsi: *Sé que os morís por CR 7, pero yo prefiero un PR 7 (incluso 6)*
http://twitter.com/elqudsi/status/4630519836

- @estratega: *Una amenaza es una oportunidad que ha caducado*
http://twitter.com/estratega/status/15719032423

- @fernand0: *Antes decías que tenías una ducha con forma de teléfono. Ahora puedes decir que quieres un teléfono como los de antes, con forma de ducha*
  http://twitter.com/fernand0/statuses/798792130
- @gentedeinternet: *Los martes que parecen lunes deberían dejar que lleguen los miércoles cuanto antes*
  http://twitter.com/gentedeinternet/status/4831579395
- @infopildoras: *Últimamente me pasa que me saben los yogures a champú y el champú a yogur*
  http://twitter.com/infopildoras/status/12728603116
- @jkusunoki: *Estoy cocinando. Me siento como el padre de George Constanza en su mejor momento*
  http://twitter.com/jkusunoki/status/16234706131492864
- @josedaze: *No sé si Facebook se parece cada vez más a Twitter o Twitter a Facebook*
  http://twitter.com/josedaze/status/20475236915
- @kurioso: *Si le pones el «Shazam» a un discurso del presidente de Telefónica te salen los Teletubbies*
  http://twitter.com/kurioso/status/21426535948
- @laquesefue: *Según Twitter hay mucha gente similar a mí... lo siento por todos ellos*
  http://twitter.com/laquesefue/status/28907491850
- @mjcalvimontes: *Es raro ver a alguien tan, pero tan parecido a alguien y saber que es imposible que sea*
  http://twitter.com/mjcalvimontes/status/14313196605
- @negredo: *Bajar a por Bolter y subirte también a Nielsen y a Landow*
  http://twitter.com/negredo/status/13793728986
- @ojomagico: *Un empresario es lo más parecido al conejito de Duracell sólo que él solito se tiene que poner las pilas*
  http://twitter.com/ojomagico/status/14700530429

- @pacotto: *La tendencia de los medios de comunicación es parecerse cada vez más a una casa de citas (por lo de las comillas)*
  http://twitter.com/pacotto/status/5837393237

- @pacotto: *Un alumno me pregunta: ¿Eso de Twitter es el Tuenti de los mayores pero sin faltas de ortografía?*
  http://twitter.com/pacotto/status/8513537163

- @palomaabad: *Yo también quiero ser como Lana Turner*
  http://twitter.com/palomaabad/status/7157647892

- @schuschny: *A veces siento que la proporción de agua y de prejuicios que hay en las personas es equivalente*
  http://twitter.com/schuschny/status/2052088188108800

- @sorprendida: *Soy como el conejo de Alicia en el país de las maravillas. ¡Siempre tarde! Me falta el reloj colgando de la cadenita. Bueno, y las orejas*
  http://twitter.com/sorprendida/status/8679106110

- @torresburriel: *Hay un tipo; dentro del espejo; que me mira; con cara de conejo*
  http://twitter.com/torresburriel/status/21561275959

PERIODÍSTICOS

- @allendegui: *Nos preocupamos tanto por el periodismo del mañana que nos olvidamos del de hoy*
  http://twitter.com/allendegui/status/15728404946

- @angeljimenez: *El problema de la prensa es que todo el mundo tiene una solución*
  http://twitter.com/angeljimenez/status/7085765599174656

- @delia2d: *Ay. No sé si revolucionar el periodismo o tomarme un café*
  http://twitter.com/delia2d/status/1342749933

- @gpeltzer: *El Jefe de Cierre de Tiempo Argentino se llama Mario De la Llave*
  http://twitter.com/gpeltzer/status/14165608028
- @hablaMachel: *Los sitios NO son «una sección más del impreso» donde puedes subir videítos y tener más interactividad con los lectores del papel. NO*
  http://twitter.com/hablaMachel/status/5490674481
- @jkusunoki: *Toda esa gente que quiere hacer periodismo digital debería preocuparse, PRIMERO, por aprender a hacer PERIODISMO*
  http://twitter.com/jkusunoki/status/5479746529
- @josedaze: *Perdemos demasiado tiempo en editar los textos, ponerles enlaces, fotitos, galerías, enfoques y al usuario se la sopla*
  http://twitter.com/josedaze/status/1463301374
- @lorerivera: *El periodismo y la vida se parecen: hay historias bien tejidas, otras hay que unirlas, algunas remendarlas y a todas bordarles distintivos*
  http://twitter.com/lorerivera/status/27314539981
- @marilink: *Amo el periodismo por ese placer absurdo e irracional de leer cosas antes que los demás. Sigo sin entender por qué.*
  http://twitter.com/marilink/status/7035398433808384
- @pacotto: *El periodismo está perdiendo el tiempo (y el norte) con la inmediatez. Sigue imperando el qué dicen sobre el qué pasa*
  http://twitter.com/pacotto/status/5837108259
- @RobertoA: *¿Qué va a pasar con toda la gente talentosa que los medios están perdiendo? Pues a unirse y hacer uno nuevo. Y tiene que ser rentable*
  http://twitter.com/RobertoA/status/1649340138

- @rsalaverria: *Los profesores que rinden culto a la pirámide no son dinosaurios. Son momias, obviamente*
  http://twitter.com/rsalaverria/status/9332801924

POLÍTICOS

- @AlbertoNahum: *La generalización del término «pirata» ha sido, quizá, la mayor victoria de la industria cultural en esto de las descargas*
  http://twitter.com/AlbertoNahum/status/17857460106694656
- @AlbertoPedro: *Algunos diputados podrían procurar ser buenas personas antes de autoproclamarse semidioses*
  http://twitter.com/AlbertoPedro/status/19741041066254336
- @angeljimenez: *También aceptaría ser diputado, pero todos los partidos políticos me parecen un chiste, así que no sé muy bien cómo hacerlo*
  http://twitter.com/angeljimenez/status/14712356034
- @bufetalmeida: *Mientras los yankis dudan entre cannabis o tea party, nuestra alta política se mueve entre descafeinado y orujo*
  http://twitter.com/bufetalmeida/status/29561544200
- @genisroca: *La política ha dejado de interesarme. Ahora ya sólo me preocupa*
  http://twitter.com/genisroca/status/23670776657870848
- @gpeltzer: *Necesitamos un Rasputín, es urgente*
  http://twitter.com/gpeltzer/status/23515214599168000
- @gustavoarizpe: *¿Será que el populismo y lo incongruencia van de la mano?*
  http://twitter.com/gustavoarizpe/status/13482712484552704
- @jjmerelo: *Sorprendentemente, el único candidato ha salido elegido*
  http://twitter.com/jjmerelo/status/9327212414

- @korochi: *Twitter es la única forma en la que podemos seguir a Obama sin que nos maten*
  http://twitter.com/korochi/status/1649430705
- @LuisCarlos: *Los cacerolazos son aplausos metalúrgicos*
  http://twitter.com/LuisCarlos/status/3668101143
- @nicoleforttes: *Lo mejor de ver el canal del Senado es la música ambiental cuando las autoridades empiezan a decir palabrotas*
  http://twitter.com/nicoleforttes/status/15177386345635840
- @ojomagico: *Las elecciones en EE.UU. acaban en manos de locutores y humoristas. Bueno, antes estaban en manos de actores. No cambian*
  http://twitter.com/ojomagico/status/29280205659
- @VicenteVaro: *Hasta ahora pensaba que teníamos los políticos que nos merecemos, ahora tengo claro que son mucho peores*
  http://twitter.com/VicenteVaro/status/9625515530911746
- @zanoni: *Twitter es peronista porque hay muchos gatos que parecen pelear pero en realidad se están reproduciendo*
  http://twitter.com/zanoni/statuses/221515462

PREGUNTAS INQUIETANTES

- @aberron: *Me acaban de preguntar cómo era yo antes de internet. Y no he sabido qué decir*
  http://twitter.com/aberron/status/9151618879
- @byuste: *¿Por qué los imprevistos tienen que producirse todos a la vez?*
  http://twitter.com/byuste/status/6116013198
- @carolafuentes: *¿A qué edad se acaba la edad del pavo?*
  http://twitter.com/carolafuentes/status/7486234819

- @do203: *What's happening?, ¿qué estás pensando?, ¿no eres demasiado digital para hacerme preguntas tan analógicas?* http://twitter.com/do203/status/21009132185
- @elqudsi: *¿Por qué mandamos «abrazos» por email a desconocidos y no somos capaces de llamar por teléfono a nuestra madre para decirle que la queremos?* http://twitter.com/elqudsi/status/10267481287
- @fegido: *¿Ya hemos terminado?* http://twitter.com/fegido/status/5834806073
- @gmolino: *¿Por qué ya no ponen cromos en las tabletas de chocolate?* http://twitter.com/gmolino/status/21954950040911872
- @hablaMachel: *¡¡De vacaciiiiones!! Yehh, huy ¿ahora qué hago?* http://twitter.com/hablaMachel/status/12456044754
- @Isasperandio: *Me preguntan: pero ¿por qué? y digo: porque sí. Me pregunto: ¿por qué quieren saber tanto? :)* http://twitter.com/Isasperandio/status/4988311336
- @juanluispolo: *Si en internet las cosas van más de prisa ¿será suficiente con trabajar las mismas horas que en el sector tradicional?* http://twitter.com/juanluispolo/status/1205439278
- @loogic: *¿Qué se hace cuando tu suegra te invita a ser su amigo en Facebook?* http://twitter.com/loogic/status/5631163538
- @LuisCarlos: *Querido político, vamos a suponer que amas el país y quieres resolver problemas. Si descubres que uno de ellos eres tú, ¿te apartarías?* http://twitter.com/LuisCarlos/status/5777331014
- @marilink: *¿Por qué todo tiene que pasar al mismo tiempo?* http://twitter.com/marilink/status/1014425983

- @marilink: *«¿Me tengo que enterar por tu blog?» — classic*
http://twitter.com/marilink/status/15768576359

- @pablomatamoros: *Tengo una duda: ¿Por qué el ser y no más bien la nada?*
http://twitter.com/pablomatamoros/status/16797955352

- @pacotto: *Mi amigo siempre contesta en el bar a la pregunta de «¿qué quieren?» con un «justicia y pincho tortilla, por ese orden»*
http://twitter.com/pacotto/status/11266076015

- @rosamariaartal: *¿Por qué tanta gente me habla de un pulpo?*
http://twitter.com/rosamariaartal/status/23801714289152000

- @sinapsisfugaces: *Pero ¿cómo es posible que estando de acuerdo en los fines no se pongan de acuerdo en los medios? Algo huele a podrido*
http://twitter.com/sinapsisfugaces/status/9472368882

- @sorprendida: *No os parece que pasan más lentos los minutos de «en punto» a «y media» que de «y media» a «en punto»?*
http://twitter.com/sorprendida/status/10418937908

- @suenosdelarazon: *¿Por qué la gente que siempre llega tarde siempre tiene prisa?*
http://twitter.com/suenosdelarazon/status/3623954414

- @zanoni: *¿Siguen ahí?*
http://twitter.com/zanoni/status/21813517865

PREVISORES

- @4Colors: *Le pedí que me dedicara 20 minutos y me firmó el diario gratuito. Eso sí, en la página de previsión del tiempo*
http://twitter.com/4Colors/status/22958724822

- @albertoartero: *Invertir es siempre hacer un sacrificio hoy a cambio de una recompensa que merezca la pena mañana. En las finanzas y, sobre todo, en la vida*
  http://twitter.com/albertoartero/status/2016796953542656

- @cosechadel66: *Florentino Pérez reacciona para enderezar la situación: se ha comprado el libro de Dans: «Todo va a cambiar»*
  http://twitter.com/cosechadel66/status/10611728432

- @digitalmeteo: *A mí el periodismo me recuerda a la meteorología, todo el mundo quiere saber qué pasará a largo plazo pero nadie lo sabe*
  http://twitter.com/digitalmeteo/status/25518142913

- @fernand0: *Acabo de romper un montón de papeles. Ahora pienso que tal vez debería haberlos guardado*
  http://twitter.com/fernand0/statuses/822637190

- @jaime_estevez: *Todos deberíamos tomarnos un año sabático antes de afrontar el resto de nuestra vida*
  http://twitter.com/jaime_estevez/statuses/804010483

- @korochi: *Mañana hay que hacer tantas cosas que hoy quiero que sea ayer*
  http://twitter.com/korochi/status/13953456475

- @manuelaborda: *Me da miedo llamar a casa por si cojo el teléfono yo mismo*
  http://twitter.com/manuelaborda/status/20289556439

- @Pixel_Jonan: *Cuando el disco duro de tu vecino veas fallar... pon el tuyo a hacer backup*
  http://twitter.com/Pixel_Jonan/status/1679799438

- @RafaOsuna: *No sé cómo ni cuándo pero la voy a liar parda*
  http://twitter.com/RafaOsuna/status/10576711326

- @TwittBoy: *Toda la semana esperando que llegue el viernes... y siempre aparece alguien que te hace desear que sea domingo* http://twitter.com/TwittBoy/status/14906707213

PSICOLÓGICOS

- @4Colors: *Tengo canas de verte* http://twitter.com/4Colors/status/10281128508
- @marabales: *Cariño, no me vengas con tu oscuro rollo lacaniano. Lo mío es pragmatismo cibernético, cerveza y rock and roll :O* http://twitter.com/marabales/status/9480507372

QUEJUMBROSOS

- @amfumero: *¿Por qué tuitear? Porque la gente está que trina* http://twitter.com/amfumero/status/7997640323
- @davidalvarez: *Este finde salió regular. ¿Lo puedo devolver?* http://twitter.com/davidalvarez/status/8466854663
- @Gonzalomartin: *O sea, te quejas de tu hosting por Twittter, alguien monitoriza y te mandan una oferta para cambiar a tu host. ¡Me encanta!* http://twitter.com/Gonzalomartin/status/16877535168
- @JamSession: *¡Qué mal repartido está el mundo, joder!* http://twitter.com/JamSession/status/22300889955
- @juanjomunoz: *Cita célebre: «Me estoy hartando de las citas célebres»* http://twitter.com/juanjomunoz/status/8551864741
- @maitrella: *Cojonudo, sólo tengo algas secas para cenar* http://twitter.com/maitrella/status/5019435291119616
- @maldaz: *No entiendo cómo hay spas que no tienen relojes a la vista, se supone que tú no llevas y que debes controlar los tiempos, ¿tanto cuesta?* http://twitter.com/maldaz/status/3900556816945152

- @miguelpaz: *Cuando todo puede salir bien, viene un taxista y lo echa a perder*
  http://twitter.com/miguelpaz/status/6113990665052162
- @petezin: *Quejas entre los asistentes a la conferencia de Ballmer: «La cola ha durado más que la charla»*
  http://twitter.com/petezin/status/26760699704
- @qtorb: *Entre dos opciones, siesta o escribir, he escogido la menos inteligente: escribir. Me estoy arrepintiendo...*
  http://twitter.com/qtorb/status/8153966110
- @suenosdelarazon: *Sentado en la terraza de un bar donde nadie sirve, esperando que abra la tienda que debería estar abierta hace 45' no sé si será la crisis*
  http://twitter.com/suenosdelarazon/status/4684264428
- @Yoriento: *Pedimos televisiones de calidad y luego las criticamos porque tienen «poca audiencia». Pasa también en internet*
  http://twitter.com/Yoriento/status/23824798371028992

SOCIALES

- @Alibaimor: *O la atan a una silla o yo no salgo a cenar*
  http://twitter.com/Alibaimor/status/6059984397
- @amartino: *Hoy en Google Wave tuve una charla que parecía productiva hasta que me di cuenta que estaba hablando conmigo mismo*
  http://twitter.com/amartino/status/4863589485
- @do203: *En Facebook hay gente que tiene muchas Soledades y pocas Victorias*
  http://twitter.com/do203/status/12332715832
- @esthervargasc: *No malograré mi almuerzo por la mala onda de ciertos psicópatas*
  http://twitter.com/esthervargasc/status/10334675876

- @fenirubio: *Mmmm, la «gente mala» sabrá que a la larga se queda sola y no hay red social que valga*
  http://twitter.com/fenirubio/status/6154828905
- @fernand0: *Hay gente que realmente tiene poca gracia diciendo las cosas*
  http://twitter.com/fernand0/statuses/967225387
- @gpeltzer: *Casi no encuentro gente con cara normal en las calles de Buenos Aires. Parecen todos chiflados. ¿Qué pasó?*
  http://twitter.com/gpeltzer/status/5829129909
- @Isasperandio: *Existen dos tipos de personas en el mundo. Las que me entienden y las que no*
  http://twitter.com/Isasperandio/status/12822363134
- @korochi: *Estamos todo el tiempo eligiendo gente*
  http://twitter.com/korochi/status/1439251822
- @marcostaracido: *Cada vez que alguien te regala un libro te aleja un poco más de tu objetivo, por pérdida de tiempo o por ampliación del canon*
  http://twitter.com/marcostaracido/status/21070284296
- @MartinaGallo: *Mis amigos no tienen Twitter y yo no tengo Facebook. Según internet no nos conocemos*
  http://twitter.com/MartinaGallo/status/5004083188
- @petezin: *Últimamente creo que al mundo que me rodea le importa más la forma que el fondo*
  http://twitter.com/petezin/status/2312426041
- @SergioRS: *Hemos llegado a un punto tal que si no estás en Facebook casi nadie te felicita por tu cumpleaños*
  http://twitter.com/SergioRS/status/15244377999
- @stephaniefalla: *No me gusta aceptar invitaciones de gente que no tiene foto en su perfil, mi mamá me enseñó a no hablar con extraños :P*
  http://twitter.com/stephaniefalla/status/26776200236

SOSPECHOSOS HABITUALES

- @4Colors: *Si Guillermo Tell disparó a una manzana será por algo* http://twitter.com/4Colors/status/14438047352
- @adelgado: *Si te roban tu identidad, son tus amigos quienes dicen a la sociedad quién eres. En Internet ya todos sabemos quiénes son los perros :)* http://twitter.com/adelgado/status/1219834709
- @Alibaimor: *Creemos que la señora tiene al marido muerto sentado en el sofá. No os digo más* http://twitter.com/Alibaimor/status/20212287028
- @dreig: *Antes se puso en duda la calidad de los contenidos, ahora la de los vínculos. Qué difícil parece cambiar* http://twitter.com/dreig/status/1365181579
- @do203: *Baile de Caballos Andaluces durante el aperitivo, Show Flamenco con la Barra Libre y a la hora de pagar Cante Jondo AYYYY HAIIIIHA AAYYYY* http://twitter.com/do203/status/20791137416
- @EmilioMarquez: *Deberían imponer «el carnet por puntos» para penalizar a los delincuentes reincidentes, bajaría mucho la criminalidad* http://twitter.com/EmilioMarquez/status/22269385985
- @fernand0: *Todo cambia. El spam permanece* http://twitter.com/fernand0/statuses/785658695
- @josedaze: *Algún problema de visualización o mental debo tener para que me atraigan locas despechadas (C, L, R, M y ahora, P). Paso, me voy a la playa* http://twitter.com/josedaze/status/21476960795
- @juanluispolo: *Leyendo una tira cómica, o sea, una nota de prensa* http://twitter.com/juanluispolo/status/1950470777

- @kremaster: *En agosto hay menos spam en los blogs, parece que los gilipollas también veranean*
http://twitter.com/kremaster/status/21664123648

- @LibrodeNotas: *Tenemos algunos comentaristas que no nos merecemos. No, en serio NO nos lo merecemos*
http://twitter.com/LibrodeNotas/status/22517105107

- @LuisCarlos: *Militares dando ruedas de prensa con lentes oscuros. ¡Wao! Qué bonita forma de brindarle seguridad al pueblo*
http://twitter.com/LuisCarlos/status/22443880821

TECNOLÓGICOS

- @adelgado: *Si quieres vivir feliz, nunca entres en la cocina de un restaurante ni en el back-end del CMS de una empresa de internet*
http://twitter.com/adelgado/status/1152218469

- @elbaronrojo: *He intentado entenderme con Facebook pero siempre choco contra un muro*
http://twitter.com/elbaronrojo/status/21312942014

- @fernand0: *En verdad, en verdad os digo: no importa cómo creamos que se han de usar las herramientas, sino cómo pueden serles útiles a las personas*
http://twitter.com/fernand0/status/999041428

- @korochi: *Me gusta preguntar cómo llegan a mi blog para después sugerirles que no vuelvan a ir por ese lado*
http://twitter.com/korochi/status/1734262873

- @kremaster: *Nunca pensé que el mejor complemento de la Thermomix sería el iPad*
http://twitter.com/kremaster/status/5722668175196160

- @LuisCarlos: *El período de garantía para cambiar una nevera*

defectuosa es de 24 horas. Pero encenderla y darte cuenta si funciona bien tarda más
http://twitter.com/LuisCarlos/status/10282399464

- @ojomagico: *Por culpa de la rapidez tecnológica lo más difícil no es adoptar lo nuevo, sino abandonar lo que se ha hecho viejo*
http://twitter.com/ojomagico/status/7667171666

TELEFÓNICOS

- @Aberron: *Esta barrita que dice 15 %, ¿indica la energía que le queda al móvil o la que me queda a mí? O_o*
http://twitter.com/aberron/status/13850728466

- @aberron: *Que levante la mano quien tenga a alguien al lado diciéndole que deje el teléfono de una vez*
http://twitter.com/aberron/status/18679424614400000

- @Alibaimor: *¿Por qué cuando te llaman y te dicen: «soy tal, de tal sitio» dan por supuesto que debes saber cuál es ese sitio?*
http://twitter.com/Alibaimor/status/3890658079

- @isopixel: *No estoy, deje su tuit después del tono. biiiiiiiiip al terminar, presione «update» y cuelgue*
http://twitter.com/isopixel/status/5238092250

- @josedaze: *Sí, hola, ¿qué tal, cómo estás? Yo bien, lo de siempre, ah, vale, pues, pues, bien, supongo, a ver si nos vemos, sí, claro, venga, adiós*
http://twitter.com/josedaze/status/1978297737

- @juanmunozCNN: *Se nota que es lunes. Hoy metí el iPhone en un vaso de yogur. Supongo que es porque necesitaba calcio*
http://twitter.com/juanmunozCNN/status/17787287864

- @torresburriel: *¡Hay que ver la de gente que habla por teléfono asomada a la ventana!*
http://twitter.com/torresburriel/status/3895154427

TELEVISIVOS

- @amartino: *Mejor que Dexter los mate 1×1, que House les diga que no los salva por nabos y si alguno se escapa que le caiga el Oceanic 815 en la cabeza*
  http://twitter.com/amartino/status/4436815842
- @angeljimenez: *Con cada nueva temporada me dicen que la cosa ha cambiado, pero no es verdad. El guión es una tomadura de pelo al espectador. He dicho.*
  http://twitter.com/angeljimenez/status/3863323795
- @elcocinerofiel: *El título del clásico programa para aprender inglés «Follow me» iba por Twitter, ¿no?*
  http://twitter.com/elcocinerofiel/status/8777936805
- @gabycastellanos: *Joder, murió Blanche de las Chicas de Oro... nos vamos quedando sin chicas... y sin oro*
  http://twitter.com/gabycastellanos/status/15428924398
- @infopildoras: *Lo malo de cenar con pan tostado es que no te deja oír la tele. Es viernes, claro :-)*
  http://twitter.com/infopildoras/status/3201295016009729
- @jamilleiro: *Hoy he durado con la tele puesta 10 minutos escasos, y eran las noticias. Me estoy volviendo un bicho raro, lo advierto*
  http://twitter.com/jamilleiro/status/9248401482
- @laquesefue: *Los conductores de noticieros sólo necesitan 3 cosas: 1) saber que fue lo que YA PASÓ 2) arrogancia y 3) SU punto de vista PERSONAL*
  http://twitter.com/laquesefue/status/14165985604
- @marabales: *A la TV de los '90 le debo perversiones y virtudes en dosis semejantes*
  http://twitter.com/marabales/status/9151559874
- @nicoleforttes: *Lo mejor de Twitter es que puedo ver TV sin te-*

ner que ver TV, acá uno se entera de todo con un mínimo esfuerzo :D ¡gracias, gente!
http://twitter.com/nicoleforttes/status/3658692349

- @pacotto: *¿He oído en la tele «la erupción del volcán islámico»?*
http://twitter.com/pacotto/status/12472810973

- @rahego: *Programas de humor de TV: Hagan un sketch sobre «cosas de internet» y tendrán a cientos de internautas haciendo promoción gratis*
http://twitter.com/rahego/status/1659789719

- @SergioRS: *La tele es un ente incomprensible*
http://twitter.com/SergioRS/status/4391581506

TERAPÉUTICOS

- @estratega: *Qué raro que nadie anuncie ya un spray o toallitas desinfectantes de manos para la gripe. ¿Consigna o falta de reflejos?*
http://twitter.com/estratega/status/3360007324

- @joanjimenez: *Cuando aprendes a decir NO, aprendes a ser libre :)*
http://twitter.com/joanjimenez/status/5863918667

- @laquesefue: *Tengo una idea, un baño de tina con menta, el vapor con aroma a menta me haría sentir muy bien*
http://twitter.com/laquesefue/status/5622828371

- @laquesefue: *La obsesión de coleccionar «badges» (insignias) en las redes es para quienes tienen traumas infantiles relacionados con los BoyScouts*
http://twitter.com/laquesefue/status/10336011542

- @manuelcillero: *Uso Twitter para 1) intentar dominar el mundo, 2) lograr algún tipo de superpoder y 3) evitar tener que ir al psicoanalista. #TW3*
http://twitter.com/manuelcillero/status/5920705955

- @mjori: *Tomaba sus pastillas con una puntualidad enfermiza* http://twitter.com/mjori/status/27869684385
- @pacotto: *¿Generará Twitter la antiparanoia? «¡¡Doctor, no me sigue nadie!!»* http://twitter.com/pacotto/status/5722572138
- @sorprendida: *Deberían hacerle 1 revisión a la usabilidad del hospital, me he metido en psiquiatría en vez de en pediatría y claro, no me dejaban salir :)* http://twitter.com/sorprendida/status/6054873689

TWITTER

- @a_leibovitz: *Yo venía aquí a que me alegrarais el día y no hacéis más que leerme las noticias* http://twitter.com/a_leibovitz/status/21476415952
- @abladias: *Mi mujer: «Twitter es como si en un autobús repleto, sin ver principio ni fin, te da la vena de ponerte a gritar sobre tus paranoias»* http://twitter.com/abladias/statuses/314229742
- @abladias: *Molaría mil veces más un Twitter del tipo: What would you like to be doing?* http://twitter.com/abladias/statuses/304389952
- @Alibaimor: *Pues sip, se puede pasar un día sin Twitter. Por eso estoy aquí* http://twitter.com/Alibaimor/status/9687664592687104
- @allendegui: *Tuitear es humano. Retuitear es de sabios* http://twitter.com/allendegui/status/6083301448
- @angelmaria: *¿Dónde iban muchos de los pensamientos que teníamos antes de existir Twitter? :)* http://twitter.com/angelmaria/status/10464701767

- @asepuch: *2º día en Twitter y aún con la sensación como de ser arrojado a Times Square en hora punta: un fascinante bullicio de voces, señales y ruido*
  http://twitter.com/jasepuch/status/6724810540
- @bimbacha: *Al final, followers vienen, followers se van, otros que llegan los followearán, la vida sigue igual*
  http://twitter.com/bimbacha/status/20901707552
- @comunicatelo: *Un tuit ha sido tuiteado, ¿quién lo retuiteará? ¡El retuiteador que lo retuitee, buen retuiteador será!*
  http://twitter.com/comunicatelo/status/6206471903
- @do203: *Me van a disculpar pero el primero que hizo un FollowFriday fue Crusoe*
  http://twitter.com/do203/status/26373273883
- @do203: *Tiene derecho a permanecer callado, todo lo que tuitee podrá ser retuiteado en su contra, tiene derecho a un FF y a desfollowear a voluntad*
  http://twitter.com/do203/status/10991536700
- @do203: *Un tuit es una bocanada de aire comprimido sumergido en el mar de tus datos*
  http://twitter.com/do203/status/8360537947
- @estratega: *What is Twitter? Twitter is over capacity*
  http://twitter.com/estratega/status/8958750117
- @fanultra: *Facebook es una herramienta inteligente para gente sencilla y Twitter es una herramienta sencilla para gente inteligente*
  http://twitter.com/fanultra/status/21416293985
- @fcoel: *5 maneras de matar a Twitter: Pedir RT, #FollowFriday masivos, Farándula, Unfollow, Follow por reverse (@PabloSanchez)*
  http://twitter.com/fcoel/status/21780219406

- @fernand0: *Prefiero hablar en Twitter que hablar de Twitter* http://twitter.com/fernand0/statuses/945142324
- @francescgo: *He ganado más poder de concisión en un año en Twitter que en veinte haciendo resúmenes para el colegio* http://twitter.com/francescgo/status/12932895377
- @francescgo: *Si tuviera que meterme a mí mismo en una de mis listas de Twitter no sé cuál escogería* http://twitter.com/francescgo/status/9922181541
- @garciagarcialex: *El pájaro no tuitea porque está contento. Está contento porque tuitea* http://twitter.com/garciagarcialex/status/6824353750
- @gferreres: *Me gustaría mantener mi dieta informativa sólo con Twitter pero aún no es posible sin correr riesgo de indigestión* http://twitter.com/gferreres/status/7137143690
- @gistain: *Leer el Twitter de arriba abajo: todo encaja* http://twitter.com/gistain/statuses/231987592
- @gpeltzer: *No leo los tuits después de los 140 caracteres. Son un fraude a la tuiteidad* http://twitter.com/gpeltzer/status/28879712306
- @joseplayo: *Acabo de descubrir lo boludo que te hace sentir publicar el primer tuiteo* http://twitter.com/joseplayo/status/17383658293
- @juanluispolo: *Hay quien echa un cigarro... yo me fumo un tuit ;)* http://twitter.com/juanluispolo/status/6974046815
- @korochi: *No le pongo candadito a Twitter porque después tendría que recordar dónde dejé la llave* http://twitter.com/korochi/status/1655296202

- @korochi: *Me encanta el olor a unfollow por la mañana* http://twitter.com/korochi/status/10176159471
- @korochi: *Me parece que desde ahora voy a contar lo que NO hago* http://twitter.com/korochi/statuses/304067872
- @korochi: *No sigo a nadie en Twitter porque me gusta enterarme de todo tarde* http://twitter.com/korochi/statuses/228888632
- @laquesefue: *¡Detengan el timeline! ¡Tengo una idea!* http://twitter.com/laquesefue/status/17091433381
- @laquesefue: *Ya encontré el tuit que tenía perdido! Maltratado, todo jaloneado y pisado, pero ¡¡está vivo!!* http://twitter.com/laquesefue/status/12472715651
- @Lauritou: *Mi madre siempre me decía que no hablara con desconocidos y ahora tengo Twitter* http://twitter.com/Lauritou/status/23530373455548416
- @lsmntr: *Un día voy a pasar lista a todos los que me siguen. A ver quién está atento de verdad* http://twitter.com/lsmntr/status/10326993507
- @marcostaracido: *Yo, que siempre quise ser millonario, fui castigado con la maldición de la brevedad textual* http://twitter.com/marcostaracido/status/14916447969
- @marilink: *Fue una suerte haber empezado a usar Twitter antes de que existieran tantas personas que dijeran cómo usarlo* http://twitter.com/marilink/status/1612763295
- @marilink: *Hay gente que te pregunta si no pierdes mucho tiempo tuiteando y luego están todo el tiempo mandando correos totalmente irrelevantes* http://twitter.com/marilink/statuses/957385357

- @ojomagico: *Los retuits y las respuestas se lían tanto que ya no sabes cuál era el debate ni qué postura defendías*
  http://twitter.com/ojomagico/status/22769203396218880
- @Papelimaginado: *Todos tenían algo que decir y bastante que callar, pero llegó Twitter y cambiaron las tornas*
  http://twitter.com/Papelimaginado/status/26093328016
- @Pedalea: *Volver a Twitter y ver que te lo has perdido todo mientras estabas entretenida con tu vida. ¿Esto antes no era al revés?*
  http://twitter.com/Pedalea/status/28731534406
- @paulbeelen: *Es oficial: logré hacer a Twitter parte de mi rutina*
  http://twitter.com/paulbeelen/statuses/954788128
- @perezreverte: *Twitter es rápido y casi indoloro. Creo. Como un buen dentista*
  http://twitter.com/perezreverte/status/12396910398
- @RafaOsuna: *#FF para ti. Sí, sí, para ti. No mires para otro lado*
  http://twitter.com/RafaOsuna/status/26765454225
- @Rodrigo_Correa_: *Viva Twitter, esto es magnífico opera como el cerebro humano mucha sinapsis entre neuronas*
  http://twitter.com/Rodrigo_Correa_/status/6277586581
- @TwittBoy: *Lo bueno de comer en una mesa llena de tuiteros es que nadie te llama la atención por mirar el móvil mientras comes*
  http://twitter.com/TwittBoy/status/15706323426
- @viejomoeb: *«Si no me sigues no puedo mandarte un DM». ¿Soy el único al que todavía le funciona el correo electrónico? ¿Acaso me estoy perdiendo algo?*
  http://twitter.com/viejomoeb/status/19327280203431936

- @yoanisanchez: *Si Twitter no sirve como altavoz para los condenados al silencio, ¿para qué sirve entonces?* http://twitter.com/yoanisanchez/status/5655310790

URBANOS

- @Alibaimor: *Que en el metro, por un lado te respiren en el brazo y por el otro te echen el aliento del chicle de fresa ácida, no tiene precio* http://twitter.com/Alibaimor/status/4086502326

- @angeljimenez: *Sólo hay algo que te hace quedar peor que una funda de móvil en el cinturón: un bluetooth en la oreja* http://twitter.com/angeljimenez/status/7723832145

- @delia2d: *«El piso tiene ascensor pero no lo puedes usar porque el dueño no pagó la derrama. Tendrías que conseguir que algún vecino te diera la llave»* http://twitter.com/delia2d/status/23779815572111136

- @lordjerome: *Fenómenos de la gran ciudad: cuando llueve desaparecen los taxis y surgen los chinos vendiendo paraguas* http://twitter.com/lordjerome/status/7204438508

- @Trykita: *La gente me mira raro en el bus, ¿será porque voy con el móvil, el iPod Touch y la Samsung Tab? XD* http://twitter.com/Trykita/status/4229514582294528

VIALES

- @4Colors: *Al 50 % de los músicos de trenes y metros habría que darles dinero para que se callen y al otro 50 % para que tomen clases* http://twitter.com/4Colors/status/10335692841

- @barbaralopez: *Me voy a recoger a una amiga al aeropuerto, sola, en un coche que nunca conduzco, sin saber exactamente el camino. Uff, lo veo mal...* http://twitter.com/barbaralopez/status/28724124698

- @credula: *Odio profundamente a quienes sacuden alfombras y manteles por la ventana o terraza* http://twitter.com/credula/status/16835049633
- @delia2d: *Se oyen gritos ahogados en la calle. ¿Hay una invasión de zombis o algo?* http://twitter.com/delia2d/status/17975138109
- @do203: *Se busca Puente, deberá unir, sostener y comunicar. Indispensable flexibilidad. Se ofrece: Tránsito fluido. Gratificaciones aseguradas* http://twitter.com/do203/status/24317279424
- @estratega: *Me he percatado de que bastantes autos de lujo de gran cilindrada no parecen traer los intermitentes de serie* http://twitter.com/estratega/status/3601567049
- @juanlusanchez: *Las risas de los niños jugando en la calle siempre parecen sacadas de una librería de sonidos* http://twitter.com/juanlusanchez/status/17426708524
- @marilink: *Una vez vi una pintada que decía: «XX vive», y pensé: entonces es porque está muerto. Con lo de «XX ha muerto», lo mismo, pero a la inversa* http://twitter.com/marilink/status/21478129673
- @martinvars: *Cuando me obligan a ir a 50 km por un túnel vacío recuerdo la pasta que se gastaron de nuestros impuestos, prometiendo velocidad* http://twitter.com/martinvars/status/15774819472
- @warkentin: *Voy a ponerles un examen a mis alumnos, y el tránsito matutino del carajo. ¿Llegaré? ¿O se lo tuiteo?* http://twitter.com/warkentin/status/24103784661

VIAJEROS

- @angelmaria: *9 horas de retraso y sumando, espero poder volver algún día, si no mejor me voy acostumbrando al mate* http://twitter.com/angelmaria/status/6117880949112832

- @gabycastellanos: *El sobrecargo me pregunta: y para qué trae ud. maleta? Y yo: pues pa meter el nexus, la blackberry, el ipod, el portátil, y unas bragas ¿por?* http://twitter.com/gabycastellanos/status/15930098164

- @isopixel: *Ya tengo listo todo para Las Vegas sólo me faltan las monedas para las tragaperras* http://twitter.com/isopixel/status/6907180207

- @LaMarys: *Desconfío de la gente que viaja sin alguna maletilla o bolso de mano* http://twitter.com/LaMarys/status/17805700931526656

- @laquesefue: *Manejar en carretera me produce una sensación de purificación inexplicable. Empieza mi recorrido por el Mississippi hasta Wisconsin* http://twitter.com/laquesefue/status/10424146611

- @maldaz: *Cuando llegaba a casa con la maleta me dice por la calle un señor: «Tienes cara de cansada, eso es que te lo has pasado bien»* http://twitter.com/maldaz/status/12851162841

- @maramilagros: *Me vinieron a buscar. Me fui* http://twitter.com/maramilagros/status/13583507999

- @marilink: *Juro que pagaría un suplemento al taxista para que cambie la radio* http://twitter.com/marilink/status/24741589634

- @Papelimaginado: *Hay despedidas tan largas que se juntan con los reencuentros* http://twitter.com/Papelimaginado/status/29644957315

- @taxipamplona: *No tengo problema que me digan la ruta por dónde quieren ir, prefiero que lo hagan. Lo que no aguanto es el grito de «¡por dónde me llevas!»* http://twitter.com/taxipamplona/status/20710415480
- @taxipamplona: *Agradecería el repliegue del paraguas antes del entrar al #taxi y evitar incrustar las puntas de las varillas sobre la tapicería. #gracias* http://twitter.com/taxipamplona/status/26345471915
- @victorianoi: *Nunca olvidaré la noche en NY en el que un tipo del McAuto de McDonalds medio cerrado me dejó sin cenar por no ir subido en un coche* http://twitter.com/victorianoi/status/19137113324781568
- @victorpuig: *Pasajero gesticulando a tope, empleados vueling resignados, guardiaciviles no gesticulando nada, pero walkie y pasaporte del señor en mano* http://twitter.com/victorpuig/status/12467370788
- @zanoni: *En la cinta que transporta las valijas, muchas se parecen a la tuya* http://twitter.com/zanoni/status/12234782655

VIRALES

- @korochi: *Los que trabajan en los peajes terminan creyendo que son atractivos para los autos* http://twitter.com/korochi/status/4838568059
- @Nadia_Soy_Yo: *–Mamá, mamá, ¡en la escuela me dicen que soy adicto al Twitter! –¿Y cuándo te dijeron eso? – About 2 hours ago via web* http://twitter.com/Nadia_Soy_Yo/status/2424767764234240
- @sblanco: *Dejad que los virus se inoculen en mí...* http://twitter.com/sblanco/status/4707483520

- @schuschny: *Twitter informa que en el mundo hay ya más 145 millones de Community Managers*
http://twitter.com/schuschny/status/24045279015

VIRTUALES

- @Alibaimor: *No estoy en mí. Ni siquiera estoy*
http://twitter.com/Alibaimor/status/16092424530
- @dreig: *Twitter parecía una tontería y resultó ser mucho más, creo que a Foursquare le pasa justo lo contrario ganando una medallita :)*
http://twitter.com/dreig/status/26766546910
- @korochi: *I just became mayor de edad on @foursquare!*
http://twitter.com/korochi/status/22619293414
- @marilink: *Hay gente que está hasta cuando no está*
http://twitter.com/marilink/status/1879706927
- @palomaabad: *Increíble lo mucho que quiero a personas con las que prácticamente ya no tengo contacto :)*
http://twitter.com/palomaabad/status/12996438334
- @Papelimaginado: *Entre la A y la B no hay nada*
http://twitter.com/Papelimaginado/status/8275721805897728
- @RobertoA: *El universo virtual supera todo lo conocido. Ni McLuhan ni Philip K. Dick lo soñaron. Amo esto, ¿entienden? Pero asombra, sorprende, abisma*
http://twitter.com/RobertoA/status/9859726534

VISIONARIOS

- @adelgado: *Cuando un ejecutivo de medios dice en 2009 «hemos entendido que el futuro está en internet» quiere decir que no tiene otra que entenderlo*
http://twitter.com/adelgado/status/1658325985

- @allendegui: *En unos años, los teléfonos serán tan inteligentes que utilizarán a los humanos para comunicarse entre ellos* http://twitter.com/allendegui/status/13006895089
- @elvira72001: *Desde que Negroponte dijo que esto era una moda pasajera tuiteo con más interés, para no perderme el momento :-))))))*
http://twitter.com/elvira72001/status/5189553560231937
- @fernand0: *Ayer leí en una presentación: en el futuro todo el mundo podrá tener sus 15 minutos de anonimato. Creo que algo de eso hay*
http://twitter.com/fernand0/status/5257634106
- @furilo: *Pensando en el día del futuro en el que recordaré que en el pasado tenías que utilizar un programa diferente para abrir cada tipo de archivo*
http://twitter.com/furilo/status/1766218336
- @JRMora: *El secreto de tu éxito siempre lo tiene uno que no eres tú y encima te lo cuenta*
http://twitter.com/JRMora/status/29605702767
- @korochi: *Algún día las fotocopiadoras van a desaparecer de la doble faz de la Tierra*
http://twitter.com/korochi/status/22424952174
- @LibrodeNotas: *Dice Wired que la Web ha muerto, así que todo esto debe de ser un entierro de esos con música, comida, charlas amenas y gente ligando*
http://twitter.com/LibrodeNotas/status/21426065597
- @mjori: *Me imagino el futuro del cine. Fotogramas que se proyectan en el aire, con volumen, envolventes. Música que se puede ver, tocar y alterar*
http://twitter.com/mjori/status/15408940091

- @periodistas21: *Cuando descargues la conciencia en cloud computing será un triste daguerrotipo. Sin profundidad ni pliegues. Sin preguntas ni misterio*
  http://twitter.com/periodistas21/status/11662095582
- @yelinares: *Vi a Tomás Eloy defender los textos breves. Decía que era más difícil expresar las ideas en poco espacio. Hubiese sido excelente tuitero :(*
  http://twitter.com/yelinares/status/8476060607

ANEXOS

ANEXO A
140 USUARIOS DE TWITTER RECOMENDADOS

Lista disponible en línea **@ecuaderno/los140recomendados**
http://twitter.com/ecuaderno/los140recomendados

- **@aartiles24** Alfredo Artiles (España)
- **@aberron** Antonio Martínez Ron (España)
- **@abladias** Fernando Polo (España)
- **@acavelier** Andrés Cavelier (Estados Unidos)
- **@adelgado** Antonio Delgado (Suiza)
- **@AlbertoPedro** Alberto Pedro López-Hermida (Chile)
- **@alexpuig** Álex Puig (España)
- **@alfarmada** Alfonso Armada (España)
- **@amartino** Mariano Amartino (Argentina)
- **@ampique** Toni Piqué (España)
- **@angelcaido666x** Hugo Miranda (Bolivia)
- **@antonello** Antonio Ortiz (España)
- **@Asegovia** Adrián Segovia (España)
- **@asincopado** Luis Melgar (Uruguay)

- **@ba_anderson** Bárbara Anderson (México)

- **@blogpocket** Antonio Cambronero (España)
- **@borjabergareche** Borja Bergareche (España)
- **@borjaechevarria** Borja Echevarría (España)
- **@borjaventura** Borja Ventura (España)
- **@byuste** Bárbara Yuste (España)

- **@cabralita** Renata Cabrales (Colombia)
- **@carlosguyot** Carlos Guyot (Argentina)
- **@cchez** Claudia Chez Abreu (República Dominicana)
- **@chicadelatele** Susana Alosete (España)
- **@chiquiesteban** Chiqui Esteban (España)
- **@ClaudiaCadelo** Claudia Cadelo (Cuba)
- **@coberturamovil** Christian Espinosa (Ecuador)
- **@cosechadel66** Adolfo Suárez (España)
- **@crism321** María Cristina Martínez (Ecuador)
- **@cscolari** Carlos Scolari (España)
- **@cvander** Christian Van Der Henst (Guatemala)

- **@dariogallo** Darío Gallo (Argentina)
- **@delia2d** Delia Rodríguez (España)
- **@diegol19** Diego Peralta (Perú)
- **@digitalmeteo** Emilio Rey (España)
- **@dreig** Dolors Reig (España)

- **@earcos** Eduardo Arcos (Bélgica)
- **@earriagada** Eduardo Arriagada (Chile)
- **@edans** Enrique Dans (España)
- **@elcocinerofiel** Txaber Allué (España)
- **@elenabrizuela** Elena Brizuela (Argentina)
- **@elpingue** Roberto González (España)
- **@elqudsi** Ismael El-Qudsi (España)
- **@esthervargasc** Esther Vargas (Perú)
- **@estratega** Rafael Martínez (España)

- **@fcoel** Flor Coelho (Argentina)
- **@fencinar** Fernando Encinar (España)

- **@fernand0** Fernando Tricas (España)
- **@fusildechispas** Cristian Cambronero (Costa Rica)

- **@gallir** Ricardo Galli (España)
- **@Gauyo** Ariel Tiferes (Argentina)
- **@gentedeinternet** Leandro Pérez Miguel (España)
- **@gpeltzer** Gonzalo Peltzer (Argentina)
- **@grmadryn** Gastón Roitberg (Argentina)
- **@gustavoarizpe** Gustavo Arizpe (México)
- **@guzmangarmendia** Guzmán Garmendia (España)

- **@huguito** Hugo Londoño (Venezuela)

- **@IbanCampo** Iban Campo (República Dominicana)
- **@iescolar** Ignacio Escolar (España)
- **@Irreductible** Javier Peláez (España)
- **@isopixel** Raúl Ramírez (México)

- **@jaime_estevez** Jaime Estévez (España)
- **@jlantunez** José Luis Antúnez (España)
- **@jamoral** José Antonio del Moral (España)
- **@javig** Javi Guembe (España)
- **@jccamus** Juan Carlos Camus (Chile)
- **@jordipc** Jordi Pérez Colomé (España)
- **@jorgeguitian** Jorge Guitián (España)
- **@josedaze** José M. Sánchez (España)
- **@juanlarzabal** Javier F. Barrera (España)
- **@juanluispolo** Juan Luis Polo (España)
- **@JuanMelano** Juan Melano (Argentina)
- **@juanmunozCNN** Juan Andrés Muñoz (Estados Unidos)
- **@jujodiru** Juan José Díez (España)
- **@JulioAlonso** Julio Alonso (España)
- **@JulioPTR** Julio Pérez-Tomé (España)

- **@korochi** Lucas Worcel (Argentina)
- **@kurioso** Pepo Jiménez (España)

- **@labrujulaverde** Guillermo Carvajal (España)
- **@laquesefue** Rosaura Ochoa (México)
- **@laura** Laura Gómez (Estados Unidos)
- **@loogic** Javier Martín (España)
- **@LuisCarlos** Luis Carlos Díaz (Venezuela)
- **@luisrull** Luis Rull (España)

- **@majimeno** Miguel Ángel Jimeno (España)
- **@mancini** Pablo Mancini (Argentina)
- **@marccortes** Marc Cortés (España)
- **@mariapastora** María Pastora Sandoval (Chile)
- **@marilink** Marilín Gonzalo (España)
- **@martinvars** Martín Varsavsky (España)
- **@mberzosa** Millán I. Berzosa (España)
- **@melchormiralles** Melchor Miralles (España)
- **@micronauta** Ignacio Rodríguez (Chile)
- **@milleiro** Juan Andrés Milleiro (España)
- **@mmeida** Manuel Almeida (España)
- **@MRehnfeldt** Mabel Rehnfeldt (Paraguay)
- **@mtascon** Mario Tascón (España)

- **@nacho__vazquez** Nacho Vázquez (España)
- **@nafuente** Nacho de la Fuente (España)
- **@negredo** Samuel Negredo (España)
- **@nicoibieta** Nico Ibieta (Chile)
- **@nicoleforttes** Nicole Forttes (Chile)
- **@noblejas** Juan José García-Noblejas (Italia)

- **@pablomatamoros** Pablo Matamoros (Chile)
- **@pacotto** Paco Sancho (España)
- **@Paloma** Paloma Baytelman (Chile)
- **@palzaga** Pedro de Alzaga (España)
- **@perdomo** José Luis Perdomo (España)
- **@perezreverte** Arturo Pérez-Reverte (España)
- **@periodistas21** Juan Varela (España)
- **@petezin** Rosa Jiménez Cano (España)

- **@piscitelli** Alejandro Piscitelli (Argentina)
- **@Pixel_Jonan** Jonan Basterra (España)
- **@pjorge** Pedro Jorge Romero (España)

- **@RafaOsuna** Rafa Osuna (España)
- **@rebezuniga** Rebeca Zúñiga (Guatemala)
- **@remolacha** Remo del Orbe (República Dominicana)
- **@Retiario** José Cervera (España)
- **@reynogourmet** Marta Borruel (España)
- **@rguareschi** Roberto Guareschi (Argentina)
- **@RobertoA** Roberto Arancibia (Chile)
- **@rsalaverria** Ramón Salaverría (España)

- **@sandopen** José de la Peña (España)
- **@sblanco** Sonia Blanco (España)
- **@silviacobo** Silvia Cobo (España)
- **@sindolafuente** Gumersindo Lafuente (España)
- **@solano** Víctor Solano (Colombia)
- **@stefanyjovel** Stefany Jovel (El Salvador)
- **@stephaniefalla** Stephanie Falla (Guatemala)

- **@tiscar** Tíscar Lara (España)
- **@torresburriel** Daniel Torres Burriel (España)
- **@TwittBoy** Iván Rodríguez (España)

- **@veronicacervera** Verónica Cervera (Estados Unidos)
- **@vanis** Vanina Berghella (Argentina)
- **@viejomoeb** Ícaro Moyano Díaz (España)

- **@warkentin** Gabriela Warkentin (México)
- **@wicho** Javier Pedreira (España)

- **@yoanisanchez** Yoani Sánchez (Cuba)
- **@yoriento** Alfonso Alcántara (España)

- **@zanoni** Leandro Zanoni (Argentina)

ANEXO B
EJEMPLOS DE CUENTAS POR SECTORES

SECTORES

- Actores
- Actrices
- Aeropuertos
- Agencias de noticias
- Agencias de publicidad
- Alimentación
- Arquitectura
- Arte
- Astronomía
- Automovilismo
- Aviación
- Banca
- Bebidas
- Bibliotecas
- Blogs
- Blogosfera
- Casinos
- Centros comerciales
- Centros culturales
- Chefs
- Ciencia
- Cine
- Circos
- Clubes de fútbol
- Comida rápida
- Comunicación política
- Consultores
- Denominaciones de origen
- Deportistas
- Diarios
- Dibujantes
- Diccionarios
- Digitales
- Directores de medios
- Economía
- Editoriales

- Electrodomésticos
- Empleo
- Emprendedores
- Escritores
- Espiritualidad
- Eventos
- Fotografía
- Frases
- Fundaciones
- Gastronomía
- Gobiernos
- Hospitales
- Hoteles
- Humor
- Infografía
- Inmuebles
- Internet
- Institucionales
- Jardinería
- Lengua
- Libros
- Médicos
- Meteorología
- Microcuentos
- Moda
- Modelos
- Motociclismo
- Museos
- Músicos
- Organismos internacionales
- Orquestas
- Películas
- Periodismo
- Periodistas
- Políticos
- Presentadores
- Profesores
- Radios
- Recetas
- Redes sociales
- Restaurantes
- Revistas
- Salas de cine
- Salud
- Series de TV
- Solidaridad
- Supermercados
- Taxis
- Teatros
- Telecomunicaciones
- Televisión
- Turismo
- Universidades
- Viajes
- Vino
- Zoológicos

Actores

- **@FelipeColombo** Felipe Colombo
- **@martinbossi** Martín Bossi
- **@ssantiagosegura** Santiago Segura

Actrices

- @_ANAMILAN_ Ana Millán
- **@angelicavale** Angélica Vale
- **@roxcastellanos** Roxanna Castellanos

Aeropuertos

- **@barajas_airport** Aeropuerto Madrid Barajas
- **@HeathrowAirport** Heathrow Airport (inglés)
- **@LondonCityAir** London City Airport (inglés)

Agencias de noticias

- **@AssociatedPress** Associated Press (inglés)
- **@europapress_es** Europa Press
- **@Reuters** Reuters (inglés)

Agencias de publicidad

- **@101cientouno** 101 Cientouno
- **@tcreativo** Territorio Creativo
- **@VillaMcLuhan** Villa McLuhan

Alimentación

- **@Campofrio_es** Campofrío
- **@lavakamagika** Central Lechera Asturiana
- **@PiramidesLipton** Lipton

Arquitectura

- **@ecosistema** Ecosistema Urbano
- **@noticiasarq** Noticias Arquitectura
- **@parq** Plataforma Arquitectura

Arte

- **@CeciliaVignolo** Cecilia Vignolo
- **@elarteporelarte** Zuriñe Lafón
- **@mlopezremiro** Miguel López-Remiro

Astronomía

- **@ESO_Observatory** European Southern Observatory (inglés)
- **@HubbleTelescope** Hubble Space Telescope (inglés)
- **@Planck** ESA Planck (inglés)

Automovilismo

- **@formula1tv** Fórmula 1 TV
- **@NASCAR_Corona** Nascar Corona Series
- **@jpmontoya** Juan Pablo Montoya

Aviación

- **@controladores** Controladores Aéreos
- **@iberia** Iberia Airlines
- **@Spanair** Spanair

Banca

- **@BancoSabadell** Banco Sabadell
- **@CaixaGalicia** Caixa Galicia
- **@CajaNavarra** Caja Navarra

Bebidas

- **@ClubHeineken** Club Heineken
- **@CocaCola_es** Coca-Cola España
- **@DYC_es** DYC España

Bibliotecas

- **@bibliotecas_ic** Red de Bibliotecas del Instituto Cervantes
- **@britishlibrary** The British Library (inglés)
- **@librarycongress** Library of Congress (inglés)

Blogs

- **@233_grados** 233grados.com
- **@ecuaderno** eCuaderno
- **@rwwes** ReadWriteWeb en español

Blogosfera

- **@bitacoras** Bitacoras.com
- **@eventoblog** Evento Blog España
- **@Wikio_ES** Wikio España

Casinos

- **@CaesarsPalace** Caesars Palace (inglés)
- **@FlamingoVegas** Flamingo Las Vegas (inglés)
- **@stationcasinos** Station Casinos Las Vegas (inglés)

Centros comerciales

- **@Itaroa** Itaroa
- **@la_morea** La Morea
- **@malldelsol_ec** Mall del Sol

Centros culturales

- **@casamerica** Casa de América
- **@CCCBLab** Lab del Centre de Cultura Contemporània de Barcelona
- **@LaCasaEncendida** La Casa Encendida

Chefs

- **@Berasategui** Martín Berasategui
- **@Francisjmallman** Francis Mallmann
- **@sumitoestevez** Sumito Estévez

Ciencia

- **@CERN** European Organization for Nuclear Research (inglés)
- **@esa** European Space Agency (inglés)
- **@FGCSIC** Fundación General CSIC

Cine

- **@20thCFoxSp** 20th Century Fox
- **@universal_spain** Universal Pictures
- **@WBPicturesES** Warner Bros. España

Circos

- **@circoprice** Teatro Circo Price
- **@Cirque** Cirque du Soleil Las Vegas (inglés)
- **@CirqueClub** Cirque du Soleil (inglés)

Clubes de fútbol

- **@CAOsasuna** Club Atlético Osasuna
- **@FCBarcelona_es** F. C. Barcelona
- **@realmadrid** Real Madrid

Comida rápida

- **@kfc_colonel** KFC Colonel (inglés)
- **@McDonalds** McDonald's (inglés)
- **@telepizza_es** Telepizza España

Comunicación política

- **@antonigr** Antoni Gutiérrez-Rubí
- **@jrvirgili** Jordi Rodríguez Virgili
- **@rafarubio** Rafa Rubio

Consultores

- **@blogocorp** Cristina Aced
- **@genisroca** Genís Roca
- **@LlorenteyCuenca** Llorente & Cuenca

Denominaciones de origen

- **@fjamonserrano** Fundación Jamón Serrano
- **@platanosiempre** Plátano de Canarias
- **@reynogourmet** Marta Borruel

Deportistas

- **@DiegoForlan7** Diego Forlán
- **@RealKaka** Kaká
- **@rudy5fernandez** Rudy Fernández

Diarios

- **@abc_es** *ABC*
- **@elmundo_orbyt** *El Mundo en Orbyt*
- **@el_pais** *El País*

Dibujantes

- **@gapingvoid** Hugh MacLeod
- **@JRMora** JRMora
- **@Tyrexito** Mauro Entrialgo

Diccionarios

- **@dictionarycom** Dictionary (inglés)
- **@urbandaily** Urban Daily (inglés)
- **@wordnik** Wordnik (inglés)

Digitales

- **@ecd_** El Confidencial Digital
- **@la_informacion** Lainformacion.com
- **@phumano** Periodismohumano.com

Directores de medios

- **@morenobarber** Javier Moreno Barber (*El País*)
- **@ojomagico** Carlos Salas (*Lainformacion.com*)
- **@pedroj_ramirez** Pedro J. Ramírez (*El Mundo*)

Economía

- **@albertoartero** Alberto Artero
- **@Gurusblog** Gurusblog
- **@Unience** Unience

Editoriales

- **@Alianza_Ed** Alianza
- **@Alienta** Alienta
- **@Gestion2000** Gestión 2000

Electrodomésticos

- **@FagorIndustrial** Fagor Industrial
- **@LG_ES** LG España
- **@sonyericssones** Sony Ericsson España

Empleo

- **@Currofile** Marina Zaliznyak
- **@expansionempleo** Expansión & Empleo
- **@InfoJobs** InfoJobs

Emprendedores

- **@albertarmengol** Albert Armengol
- **@albertok** Alberto Knapp Bjerén
- **@carlosblanco** Carlos Blanco

Escritores

- **@ElviraLindo** Elvira Lindo
- **@JuanGomezJurado** Juan Gómez-Jurado
- **@perezreverte** Arturo Pérez-Reverte

Espiritualidad

- **@DalaiLama** Dalai Lama (inglés)
- **@DeepakChopra** Deepak Chopra (inglés)
- **@vatican_va** Città del Vaticano (italiano)

Eventos

- **@cavaandtwitts** Cava&Twitts
- **@EatsAndTwitts** EatsandTwitts
- **@PacharanTwitts** Pacharán And Twitts

Fotografía

- **@Fotomaf** Mauro A. Fuentes
- **@Kodak_ES** Kodak España
- **@victorianoi** Victoriano Izquierdo

Frases

- **@FrasesWilde** Frases Oscar Wilde
- **@mafaldaquotes** Mafalda Quotes
- **@WoodyQuotes** Woody Allen Quotes

Fundaciones

- **@FundacionCAN** Fundación CAN
- **@fundacionTef** Fundación Telefónica
- **@Red_Carolina** Fundación Carolina

Gastronomía

- **@Colineta** Miguel Vila
- **@Cucharas_Bravas** Pierina Papi
- **@Pintxo** Daniel Martínez

Gobiernos

- **@gobiernodechile** Gobierno de Chile
- **@Presidencia_Ec** Presidencia de Ecuador
- **@presidenciacr** Presidencia de Costa Rica

Hospitales

- **@clinic_es** Hospital Clínic Barcelona
- **@elhospital** Hospital Universitario San Vicente de Paúl
- **@SonEspases** Hospital Universitari Son Espases

Hoteles

- **@eurostars** Eurostars Hotels
- **@hotelauditorium** Hotel Auditorium
- **@HotelEmperador** Hotel Emperador

Humor

- **@FakeAPStylebook** Fake AP Stylebook (inglés)
- **@historicaltweet** Historical Tweets (inglés)
- **@OHnewsroom** Overheard Newsroom (inglés)

Infografía

- **@albertocairo** Alberto Cairo
- **@alpoma** Alejandro Polanco
- **@Patrisign** Patricia Vicente

Inmuebles

- **@idealista** Idealista
- **@pisoscom** Pisos.com
- **@urbaniza** Urbaniza

Internet

- **@redpuntoes** Red.es
- **@timberners_lee** Tim Berners-Lee (inglés)
- **@W3Ces** Oficina W3C España

Institucionales

- **@desdelamoncloa** Secretaría de Estado de Comunicación
- **@Europarl_ES** Parlamento Europeo
- **@policianacional** Policía Nacional

Jardinería

- **@bordasonline** Jardinería Bordas
- **@CASAPLANTA_VIGO** Casaplanta
- **@veoverde** VeoVerde

Lengua

- **@blogdelengua** Blog de Lengua Española de Alberto Bustos
- **@fundeu** Fundación Español Urgente
- **@gradunav** Grupo de investigación sobre análisis del discurso

Libros

- **@javiercelaya** Javier Celaya
- **@Lecturalia** Lecturalia.com
- **@libreros** Roger Michelena

Médicos

- **@Doctorabellan** José Abellán
- **@drcasado** Fernando Casado
- **@jramonfernandez** José Ramón Fernández

Meteorología

- **@digitalmeteo** Emilio Rey
- **@eurometeo** EuroMETEO (italiano)
- **@meteorac1** Meteorología RAC1 (catalán)

Microcuentos

- **@cuentosminimos** Héctor Gómez Herrero
- **@Microrealidad** Raúl Orozco
- **@otrocuentocorto** Adrián González Camargo

Moda

- **@ISEMfbs** ISEM Fashion Business School
- **@telva_com** *Telva*
- **@VogueSpain** *Vogue* España

Modelos

- **@_FALOON_** Faloon Larraguibel
- **@giseleofficial** Gisele Bündchen (portugués)
- **@LariRiquelme** Larissa Riquelme

Motociclismo

- **@box_repsol** Box Repsol
- **@lorenzo99** Jorge Lorenzo
- **@OfficialMotoGP** Official MotoGP (inglés)

Museos
- **@museodelprado** Museo del Prado
- **@museoreinasofia** Museo Reina Sofía
- **@museothyssen** Museo Thyssen

Músicos
- **@AlejandroSanz** Alejandro Sanz
- **@juanes** Juanes
- **@shakira** Shakira

Organismos internacionales
- **@iaeaorg** International Atomic Energy Agency (inglés)
- **@UN** United Nations (inglés)
- **@whonews** Worls Health Organization (inglés)

Orquestas
- **@Filarmed** Filarmónica de Medellín
- **@nyphil** New York Philharmonic (inglés)
- **@OFCM** Orquesta Filarmónica de la Ciudad de México

Películas
- **@eclipsemexico** *Eclipse* La Película
- **@HarryPotterFilm** *Harry Potter* Film (inglés)
- **@Twilight** *The Twilight Saga* (inglés)

Periodismo
- **@cdperiodismo** Esther Vargas
- **@re_visto** Steffen Leidel
- **@saladeprensa** Gerardo Albarrán

Periodistas
- **@anderiza** Ander Izagirre
- **@Virginiapalonso** Virginia Pérez Alonso
- **@vjimenez** Vanessa Jiménez

Políticos

- **@lourdesmunoz** Lourdes Muñoz
- **@patxilopez** Patxi López
- **@santiagocervera** Santiago Cervera

Presentadores

- **@Buenafuente** Andreu Buenafuente
- **@JavierCapitan** Javier Capitán
- **@michaelrobinson** Michael Robinson

Profesores

- **@Hugo_pardo** Hugo Pardo
- **@firigaray** Fernando Irigaray
- **@octavioislas** Octavio Islas

Radios

- **@983Radio** 98.3 Radio
- **@CadenaSercom** Cadena SER
- **@radionacional** Radio Nacional de España

Recetas

- **@gallinablanca** Gallina Blanca
- **@NardaLepes** Narda Lepes
- **@recetasen140** Recetas en 140

Redes sociales

- **@11870** 11870.com
- **@EquipoGNOSS** GNOSS
- **@facebook** Facebook (inglés)

Restaurantes

- **@ElRanchoMadrid** El Rancho
- **@Etxanobe** Etxanobe
- **@Mugaritz** Mugaritz

Revistas

- **@Cosmopolitan_es** *Cosmopolitan*
- **@fotogramas_es** *Fotogramas*
- **@muyinteresante** *Muy Interesante*

Salas de cine

- **@cinesargentinos** Cines Argentinos
- **@Cine_Colombia** Cine Colombia
- **@CinesUnidos** Cines Unidos

Salud

- **@diariomedico** Diario Médico
- **@somosmedicina** Somos Medicina
- **@vivelasalud** Vive la Salud

Series de TV

- **@angelodemonio_s** «Ángel o Demonio»
- **@BigBang_CBS** «The Big Bang Theory» (inglés)
- **@MadMen_AMC** «Mad Man» (inglés)

Solidaridad

- **@caritas_es** Cáritas España
- **@Donare** Donare
- **@SavetChildren** Save the Children España

Supermercados

- **@caprabo** Caprabo
- **@eroskiconsumer** Eroski
- **@jumbotienda** Jumbo

Taxis

- **@taxioviedo** TaxiOviedo
- **@taxipamplona** TaxiPamplona
- **@TTaxiSanFermin** Tele Taxi San Fermín

Teatros

- **@teatromexicano** Teatro Mexicano
- **@TeatroQuintero** Teatro Quintero
- **@TEATROSDF** Sistema de Teatros DF

Telecomunicaciones

- **@cmtblog** Comisión del Mercado de las Telecomunicaciones
- **@movistar_es** Movistar España
- **@orange_es** Orange España

Televisión

- **@antena3com** Antena 3
- **@canaltnt** TNT
- **@rtve** Radio Televisión Española

Turismo

- **@hosteltur** Hosteltur
- **@TurismoMadrid** Turismo Madrid
- **@turismonavarra** Turismo Navarra

Universidades

- **@unav** Universidad de Navarra
- **@universia** Universia
- **@UOC_Universidad** Universitat Oberta de Catalunya

Viajes

- **@GuiaRepsol** Guía Repsol
- **@minube** Minube
- **@nomaders_com** Nomaders

Vino

- **@tuexpertoenvino** Luis Mix
- **@Vinos_ICEX** Vinos de España
- **@vinonavarra** Tu propio estilo de vino

Zoológicos

- **@DenverZoo** Denver Zoo (inglés)
- **@sfzoo** San Francisco Zoo (inglés)
- **@zoologicodecali** Zoológico de Cali

ANEXO C
FUENTES DE INFORMACIÓN SOBRE TWITTER EN LA RED

SITIOS WEB OFICIALES

En español

- **Blog de Twitter** Novedades de Twitter para usuarios de la versión en español y traducción de los principales artículos del blog oficial.
  http://blog.es.twitter.com
- **Centro de Ayuda de Twitter** Buscador y tutorial organizado como un repertorio de preguntas y respuestas.
  http://support.twitter.com

En inglés

- **API Status** Monitorización del estado de la API (Interfaz de Programación de Aplicaciones).
  http://dev.twitter.com/status
- **Chirp The Official Twitter Developer Conference** Conferencia de desarrolladores.
  http://chirp.twitter.com

- **Clever Twitter Accounts** Usos destacados de Twitter en todo el mundo.
http://cleveraccounts.posterous.com
- **Fledgling Wine** Iniciativa de comercialización de vino como apoyo a proyectos de alfabetización.
http://www.fledglingwine.com
- **Flickr @Twitter** Cuenta de Twitter en Flickr.
http://www.flickr.com/photos/twitteroffice
- **Twitter** Sitio principal y acceso al cliente web.
http://twitter.com
- **Twitter 101 for Business** Guía para el uso de Twitter en los negocios.
http://business.twitter.com/twitter101
- **Twitter API Wiki** Wiki de la API (Interfaz de Programación de Aplicaciones) con todo tipo de recursos para desarrolladores.
http://apiwiki.twitter.com
- **Twitter Blog** Blog principal con noticias y tutoriales.
http://blog.twitter.com
- **Twitter Developers** Sitio para desarrolladores.
http://dev.twitter.com
- **Twitter Engineering Blog** Noticias sobre aspectos técnicos del funcionamiento de Twitter.
http://engineering.twitter.com
- **Twitter Help Center** Sitio del servicio de ayuda al usuario con tutoriales y preguntas frecuentes.
http://support.twitter.com
- **Twitter Hope 140** Sitio de causas humanitarias y movimientos sociales.
http://hope140.org

- **Twitter Media** Experiencias sobre el uso eficaz de Twitter en medios de comunicación.
  http://media.twitter.com
- **Twitter Search** Buscador oficial.
  http://search.twitter.com
- **Twitter Status** Actualizaciones sobre el estado de la plataforma.
  http://status.twitter.com
- **Twitter Support** Centro de gestión de consultas.
  http://twitter.zendesk.com
- **Twitter Tales** Historias sobre cómo usa Twitter la gente corriente.
  http://tales.twitter.com
- **YouTube Twitter** Canal de Twitter en YouTube.
  http://www.youtube.com/twitter
- **Working at Twitter** Sitio con información y referencias sobre oportunidades de empleo.
  http://twitter.com/jobs

CUENTAS OFICIALES

En español

- **@ayuda** Soporte de Twitter en español.
- **@twitter_es** Cuenta oficial de Twitter en español.

En inglés

- **@CleverAccounts** Usos interesantes de Twitter en todo el mundo.
- **@earlybird** Ofertas de patrocinadores.
- **@feedback** Recopilación de sugerencias de los usuarios.
- **@fledgling** Proyecto de comercialización de vino para financiar alfabetización.
- **@hope140** Apoyo a causas humanitarias.
- **@JoinTheFlock** Empleo en Twitter.

- **@mobilesupport** Apoyo a usuarios de Twitter en móviles.
- **@safety** Alertas de seguridad y de usos fraudulentos.
- **@spam** Alertas y consejos sobre cuentas fraudulentas.
- **@Support** Apoyo a usuarios.
- **@toptweets** Tuits más populares detectados mediante un algoritmo.
- **@twitter** Cuenta principal de Twitter.
- **@twitterapi** Noticias sobre la API (Interfaz de Programación de Aplicaciones).
- **@TwitterEng** Noticias sobre el funcionamiento técnico de Twitter.
- **@twitterglobalpr** Comunicación corporativa y relaciones públicas.
- **@twittermedia** Usos interesantes de Twitter en medios de comunicación.
- **@twittermobile** Noticias para usuarios de Twitter en móviles.
- **@TwitterU** Programa de reclutamiento de personal en universidades.
- **@verified** Cuentas verificadas por Twitter.

Cuentas de los fundadores

- **@jack** Jack Dorsey
- **@ev** Evan Williams
- **@biz** Biz Stone

SITIOS WEB ESPECIALIZADOS

En español

- **esTwitter.com** de Javier Guembe
  http://estwitter.com

- **Registro de marcas en Twitter** de Marc Cortés (admin.)
  http://www.registromarcastwitter.com

- **TwittBoy** de Iván Rodríguez
  http://www.twittboy.com

- **TwittBaires** de Mauro Accurso
  http://www.twittbsas.com.ar
- **Twitter Adictisimos** de Flor M. Peña Casique
  http://twitteradictisimo.blogspot.com
- **Twitter Blog** de Lainformacion.com
  http://blogs.lainformacion.com/twitter-blog
- **Twitter en eCuaderno** de José Luis Orihuela
  http://www.ecuaderno.com/tag/twitter
- **Twitter en Weblog Magazine** de Antonio Cambronero
  http://www.abc.es/blogs/weblog/storico.asp?s=Microblogging
- **Twitter en Wwwhat's New** de VV. AA.
  http://wwwhatsnew.com/category/web-social/twitter
- **Visto en Twitter** de Carlos Miguel Cortés y Minipunk Arias
  http://vistoentw.com

En inglés

- **140Char** de Dan Thornton, Lauren Fisher y Jo Jordan
  http://www.140char.com
- **Business on Twitter** de Nikki Pilkington
  http://businessontwitter.co.uk/twitter/
- **EverythingTwitter** de Chris Miller
  http://everythingtwitter.com
- **GetSatisfaction/Twitter** (foro)
  http://getsatisfaction.com/twitter
- **Oneforty Blog** de Laura Fitton et al.
  http://oneforty.com/blog
- **The Writer's Guide to Twitter** de Debbie Ohi
  http://inkygirl.com/a-writers-guide-to-twitter/
- **Top Twitter News** de Alltop (agregador)
  http://twitter.alltop.com

- **Touchbase Blog** de Laura Fitton y Marcia Conner (desactualizado)
http://pistachioconsulting.com/category/touchbase-blog/
- **Twarketing** de Jeffrey Alexander Brathwaite
http://twarketing.com
- **Tweet Smarter** de Dave Larson
http://blog.tweetsmarter.com
- **twi5.com** de Nischal Shetty
http://www.twi5.com
- **Twt140** de Sugar Amigo Web Media Pvt Ltd.
http://twt140.com/blog
- **Twtapps** de Felipe Coimbra y Sylvie Aucoin
http://twtapps.com/blog
- **Twitdom News** de Anuj Seth
http://news.twitdom.com
- **TwiTip** de Darren Rowse
http://www.twitip.com
- **Twitter Fan Wiki** de Chris Messina (admin.)
http://twitter.pbworks.com
- **Twitter how to** de @twtr_gator
http://www.twitter-howto.com
- **Twitter News** de BuzzTracker (agregador)
http://www.buzztracker.com/category/twitter
- **Twitterati** de Mark Evans
http://www.twitterrati.com
- **Twittercism** de Shéa Bennett
http://twittercism.com
- **Twitterfacts** de Bvlg (desactualizado)
http://twitterfacts.blogspot.com

- **TwitterFools** (grupal)
  http://www.twitterfools.com
- **Twittermaven** de Warren Sukernek
  http://twittermaven.blogspot.com
- **TwitterSweet** de Joe Grossberg (desactualizado)
  http://www.twittersweet.com

En portugués

- **Blog Twitt Brasil** de Fernando Souza, Gabriela Zago y Raquel Camargo
  http://www.twitterbrasil.org

ANEXO D
RECURSOS Y HERRAMIENTAS PARA SACARLE PARTIDO A TWITTER

RECURSOS

- Acortadores de enlaces
- Acortadores de tuits
- Agregadores
- *Backup*
- Buscadores
- Clientes
- Diccionarios
- Directorios
- Encuestas
- Enlaces
- Estadísticas
- Etiquetas
- Favoritos
- Filtrado social
- *Follow Friday*
- Fondos
- Fuentes RSS
- Imágenes
- Incrustar tuits
- Influencia
- Listas
- Marcadores
- Monitorización
- Nubes de etiquetas
- Primeros tuits
- Productividad
- *Rankings*
- Recomendaciones
- Retuits
- Robots
- Seguidores
- Tendencias
- *Timeline*
- Visualización
- *Widgets*
- Wikis

Acortadores de enlaces

- **Bit.ly** Servicio acortador de URL que permite personalizar la URL resultante y genera estadísticas de clics sobre el enlace.
  http://bit.ly
- **Cligs** Acortador de URL con servicio de analítica, monitorización en medios sociales y *geotargeting* de enlaces.
  http://cli.gs
- **Google URL Shortener** Acortador de URL de Google con datos de analítica públicos, utilizado por defecto en el servicio de gestión de fuentes RSS *Feedburner*.
  http://goo.gl
- **is.gd** Acortador de URL con opciones de personalización y estadísticas.
  http://is.gd
- **Snipurl** Acortador de URL con opciones avanzadas para usuarios registrados.
  http://snipurl.com
- **t.co** Acortador de URL propio de Twitter.
  http://t.co
- **TinyURL** El más antiguo servicio acortador de URL, originalmente usado por defecto en Twitter.
  http://tinyurl.com

Acortadores de tuits

- **140it** Acortador de texto de mensajes para ajustarlos a 140 caracteres.
  http://140it.com
- **Twiffo.com** Servicio en línea que permite la escritura de tuits de hasta 14 000 caracteres, que almacena en su servidor y publica un fragmento con el enlace correspondiente en la cuenta del usuario.
  http://twiffo.com

- **TwitLonger** Herramienta que permite extender los tuits más allá de los 140 caracteres, publicando en la cuenta del usuario una versión reducida y el enlace al texto completo.
http://www.twitlonger.com

Agregadores

- **Execteets** Buscador y agregador de cuentas de ejecutivos.
http://exectweets.com
- **FamousTweeters** Agregador y *ranking* de cuentas de famosos.
http://www.famoustweeters.com
- **twibs** Buscador y agregador de tuits sobre negocios.
http://www.twibs.com

Backup

- **BackupMyTweets** Copias de respaldo diarias de los últimos 3 200 tuits.
http://backupmytweets.com
- **Tweetake** Copia de respaldo de tuits y de usuarios seguidos.
http://tweetake.com
- **TweetBackup.com** Copia de respaldo de los últimos 3 200 tuits y lista de usuarios seguidos.
http://tweetbackup.com
- **Tweetstream** Copia de seguridad diaria de tuits, listas, seguidores y seguidos.
https://tweetstreamapp.com

Buscadores

- **Local Follow** Buscador de usuarios por ciudades.
http://www.locafollow.com
- **ReSearch.ly** Búsqueda, monitorización y análisis de tendencias.
http://research.ly

- **Searchtastic** Buscador mediante palabras clave, búsqueda acotable a usuario, permite la exportación de resultados a una hoja de cálculo.
  http://www.searchtastic.com
- **Topsy** Buscador basado en un algoritmo que detecta la relevancia de los mensajes, útil para monitorizar palabras clave, etiquetas, usuarios y enlaces de entrada a sitios web y blogs originados en Twitter.
  http://topsy.com
- **Tweet Peck** Buscador de usuarios y tuits basado en localización.
  http://tweetpeck.com
- **Tweet Scan** Buscador por palabras clave acotable a usuarios.
  http://tweetscan.com
- **TweetGrid** Buscador por palabras clave, acepta operadores booleanos.
  http://tweetgrid.com
- **Twitter Search** Buscador oficial, funciones de búsqueda avanzada, ofrece fuentes RSS de resultados.
  http://search.twitter.com
- **Twitterfall** Completo buscador de usuarios, listas, tendencias y palabras, acotable por lenguas y localizaciones. Muy buena visualización de resultados actualizada en tiempo real.
  http://www.twitterfall.com
- **Twtvite** Buscador y gestor de reuniones de usuarios.
  http://twtvite.com

Clientes

- **Accessible Twitter** Cliente web accesible.
  http://accessibletwitter.com
- **CoTweet** Cliente web orientado a la gestión profesional de múltiples cuentas.
  http://cotweet.com

- **Echofon** Aplicaciones para móviles iPhone y tabletas iPad, cliente de escritorio para Mac y extensión para el navegador Firefox.
http://www.echofon.com
- **HootSuite** Cliente de escritorio para Mac y aplicaciones para móviles Android, BlackBerry, iPhone, tabletas iPad y extensión para navegadores Chrome y Firefox.
http://hootsuite.com
- **Osfoora** Aplicación para móviles iPhone y tabletas iPad.
http://www.osfoora.com
- **Seesmic** Cliente multiplataforma.
http://seesmic.com
- **TweetDeck** Cliente de escritorio multiplataforma, aplicación para dispositivos móviles Android y iPhone, tabletas iPad y extensión para el navegador Chrome.
http://www.tweetdeck.com
- **Tweetie** Cliente de escritorio para Mac y aplicación para móviles iPhone.
http://www.atebits.com/tweetie-mac
- **Twhirl** Cliente de escritorio multiplataforma para medios sociales.
http://www.twhirl.org
- **Twitscoop** Cliente web y aplicación para móviles iPhone.
http://www.twitscoop.com
- **Twitter** Cliente web oficial.
http://twitter.com
- **Twitter para Blackberry** Aplicación oficial para móviles BlackBerry.
http://es.blackberry.com/devices/features/social/twitter.jsp

- **Twitter para iPhone** Aplicación oficial para móviles iPhone.
  http://itunes.apple.com/app/twitter/id333903271
- **Twitter Mobile** Cliente web oficial para móviles.
  http://mobile.twitter.com
- **Twitterrific** Aplicación de escritorio para Mac, para móviles iPhone y tabletas iPad.
  http://twitterrific.com
- **ÜberTwitter** Aplicación para móviles iPhone y BlackBerry.
  http://www.ubertwitter.com

Diccionarios

- **El glosario de Twitter** Listado de términos habituales con su definición oficial.
  http://bit.ly/glosariodetwitter
- **Twictionary** Wiki que recoge en una página un listado de terminología de Twitter y su definición e indica y enlaza a los usuarios que acuñaron y definieron cada término.
  http://twictionary.pbworks.com
- **Twittonary** Buscador y directorio de terminología propia de la plataforma.
  http://www.twittonary.com
- **Twittords** Buscador y directorio de jerga de Twitter y de términos habitualmente utilizados en aplicaciones de mensajería y SMS.
  http://www.twittords.com

Directorios

- **Just Tweet It** Directorio y buscador de usuarios por categorías.
  http://justtweetit.com
- **Oneforty** Directorio, comunidad y buscador de recursos y aplicaciones.
  http://oneforty.com

- **SoyFollower** Buscador y directorio de usuarios.
  http://www.retweetfollow.com
- **TweetFind** Buscador y directorio de usuarios, listas y herramientas.
  http://www.tweetfind.com
- **Twellow** Directorio por categorías y buscador mediante operadores, se autodefine como las Páginas Amarillas de Twitter.
  http://www.twellow.com
- **WeFollow** Directorio, buscador y *ranking* de usuarios por categorías.
  http://wefollow.com

Encuestas

- **Polldaddy** Servicio *freemium* para la realización de encuestas en medios sociales.
  http://polldaddy.com
- **Pollowers** Servicio gratuito para la gestión de encuestas en Twitter.
  http://www.pollowers.com
- **Twtpoll** Servicio de pago para la gestión de encuestas en Twitter.
  http://twtpoll.com

Enlaces

- **TweetMeme** Agregador y *ranking* de popularidad de enlaces compartidos.
  http://tweetmeme.com
- **TwitThis** Servicio en línea y aplicación para acortar y compartir enlaces.
  http://twitthis.com
- **Twitturly** Agregador y *ranking* de popularidad de enlaces compartidos.
  http://twitturly.com

Estadísticas

- **BLVD Status** Servicio de pago de estadísticas en tiempo real. http://www.seoq.com/blvdstatus
- **Tweetmetrics** Estadísticas, gráficas y analítica de redes, cubre los últimos treinta días de actividad de la cuenta. http://twitter-friends.com
- **TweetStats** Visualización de estadísticas mediante gráficas. http://tweetstats.com
- **TwitGraph** Visualización de estadísticas sobre la actividad de una cuenta. http://www.twitgraph.com
- **Twitter Counter** Estadísticas semanales, mensuales y trimestrales de la cuenta. http://twittercounter.com
- **Twoorl** Completas estadísticas de la cuenta (servicio de pago). http://twoolr.com

Etiquetas

- **hashtags.org** Buscador de mensajes por etiquetas, gráficas de tendencias de uso de etiquetas y frecuencia de publicación por usuario. http://hashtags.org
- **Tagalus** Diccionario de etiquetas. http://tagal.us
- **Tagdef** Buscador y diccionario de etiquetas. http://tagdef.com
- **TweetChat** Búsqueda y monitorización de etiquetas. http://tweetchat.com

Favoritos

- **Favstar** *Ranking* de mensajes marcados como favoritos y buscador de mensajes más populares por usuario.
  http://favstar.fm

Filtrado social

- **paper.li** Agregador configurable por usuario, lista o etiqueta enfocado en enlaces compartidos.
  http://paper.li

- **The Tweeted Times** Servicio en línea que agrega y jerarquiza los mensajes más relevantes del *timeline* de usuarios seguidos.
  http://tweetedtimes.com

Follow Friday

- **FollowFriday** *Ranking* de los usuarios más recomendados por país y por lengua.
  http://www.followfriday.com

- **TopFollowFriday** Descubrir quién recomienda a quién mediante la etiqueta #followfriday.
  http://www.topfollowfriday.com

Fondos

- **Social Identities** Fondos personalizados para medios sociales (servicio de pago).
  http://www.custombackgroundsfortwitter.com

- **Themeleon** Servicio en línea para la configuración personalizada de temas.
  http://www.colourlovers.com/themeleon/twitter

- **Twbg** Generador de fondos con avatares de los seguidores.
  http://twbg.tweetbook.in

- **Twitart** Diseño de fondos personalizados (servicio de pago).
  http://www.twitart.com

- **TwitBacks** Servicio gratuito para generar fondos personalizados. http://www.twitbacks.com
- **Twitter Gallery** Galería de temas gratuitos. http://www.twittergallery.com
- **Viuu** Fondos gratuitos para decorar el perfil. http://viuu.co.uk

Fuentes RSS

- **Twitterfeed** Servicio en línea que permite importar a una cuenta de Twitter los titulares de una fuente RSS.
- http://twitterfeed.com

Imágenes

- **Pikchur.com** Servicio en línea para compartir imágenes en múltiples plataformas sociales. http://www.pikchur.com
- **Plixi** Red social para compartir imágenes en Twitter y Facebook. http://plixi.com
- **Posterous** Servicio para publicar todo tipo de contenidos en blogs y medios sociales basado en el envío del archivo a una cuenta de correo electrónico. https://posterous.com
- **Twitpic** Servicio de alojamiento de imágenes que permite compartirlas mediante enlaces en Twitter. http://twitpic.com

Incrustar tuits

- **Blackbird Pie** Herramienta oficial para generar un código a partir de la URL de un tuit para poder incrustarlo en un sitio web o blog. http://media.twitter.com/blackbird-pie/

- **QuoteURL** Aplicación para convertir tuits en código incrustable o en una página web, permite agrupar varios tuits.
  http://www.quoteurl.com

Influencia

- **Klout** Índice de la influencia de un usuario en la red.
  http://klout.com

- **Resonancers** Buscador y *ranking* de tuits con mayor resonancia, acotable por lenguas.
  http://www.resonancers.com

- **TweetReach** Cálculo del impacto de un usuario, palabra o etiqueta basado en la cantidad de seguidores de los usuarios que lo han mencionado.
  http://tweetreach.com

- **Twinfluence** Herramienta para determinar la influencia de un usuario basada en técnicas de análisis de redes sociales.
  http://twinfluence.com

- **Twitalyzer** Herramienta para determinar el impacto y el tipo de perfil de un usuario basada en técnicas de análisis de redes sociales.
  http://twitalyzer.com

- **Twitter Grader** Herramienta para determinar el grado de influencia de un usuario a partir del número y la calidad de los seguidores, la frecuencia de actualización, los datos del perfil y otros criterios.
  http://twittergrader.com

Listas

- **Conversationlist** Herramienta que genera y actualiza diariamente listas basadas en las conversaciones mantenidas por un usuario.
  http://conversationlist.com

- **DoesFollow List Check** Herramienta para comprobar si un usuario está en las listas de otro.
  http://lists.doesfollow.com

- **ListiMonkey** Servicio para suscribirse a listas por correo electrónico.
  http://listimonkey.com

- **Listorious** Directorio y *ranking* de listas, buscador de usuarios y listas por categorías.
  http://listorious.com

- **The Twitter Lists Directory** Directorio de listas gestionado por el portal Mashable.
  http://mashable.com/twitterlists/

- **Twitter Lists 2 RSS** Herramienta para generar fuentes RSS a partir de una lista.
  http://twiterlist2rss.appspot.com

Marcadores

- **Packrati** Servicio que permite guardar en una cuenta de Delicious los tuits que contengan enlaces.
  http://packrati.us

- **Tweecious** Extensión del navegador para guardar en Delicious los tuits que contengan enlaces.
  http://friedcell.net/tweecious/get

Monitorización

- **BackTweets** Monitorización de enlaces hacia sitios web o blogs originados en Twitter.
  http://backtweets.com

- **Bettween** Monitorización de conversaciones entre dos usuarios.
  http://www.bettween.com

- **Cham.tl** Monitorización de eventos y conversaciones mediante canales temáticos.
  http://cham.tl
- **Monitter** Herramienta en línea y aplicación para la monitorización y visualización de palabras clave y etiquetas.
  http://monitter.com
- **TweetBeep** Servicio de alertas por correo electrónico de menciones a una marca, palabras clave, usuarios o enlaces a un sitio.
  http://tweetbeep.com
- **Tweetdoc** Herramienta para generar un documento PDF a partir de la monitorización de una etiqueta o de palabras clave.
  http://www.tweetdoc.org
- **TwitBlock** Monitorización y bloqueo de cuentas de *spam*.
  http://www.twitblock.org
- **Twitoaster** Monitorización de conversaciones, servicio de estadísticas y buscador.
  http://twitoaster.com
- **twitrratr** Búsqueda por palabras clave y usuarios clasificada según la valoración emocional del mensaje (positivo, negativo o neutro).
  http://twitrratr.com
- **UseQwitter** Monitorización de *unfollows* con notificación mediante correo electrónico.
  http://useqwitter.com

Nubes de etiquetas

- **My Tweet Cloud** Herramienta para generar una nube de etiquetas a partir de las etiquetas empleadas por un usuario en sus últimos doscientos tuits.
  http://mytweetcloud.com

- **My Twitter Weighs a Ton** Análisis, *ranking* y visualización de los términos más utilizados en una cuenta.
  http://mytwitterweighsaton.com
- **TwitterSheep** Herramienta para generar una nube de etiquetas a partir de las palabras que aparecen en la biografía de los seguidores de una cuenta.
  http://twittersheep.com

Primeros tuits

- **My First Tweet** Buscador del primer tuit de cada usuario y directorio de los primeros tuits publicados en la plataforma.
  http://myfirsttweet.com
- **My Tweet 16** Buscador de los primeros dieciséis tuits publicados por cualquier usuario.
  http://www.mytweet16.com
- **Twbirthday** Herramienta para determinar la fecha de comienzo de una cuenta.
  http://twbirthday.com
- **Twimemachine** Herramienta para explorar el historial de la propia cuenta, se remonta a un máximo de 3 200 tuits.
  http://www.twimemachine.com

Productividad

- **SocialOomph** Aplicaciones para optimizar la gestión de medios sociales (programación de tuits, automatización de mensajes directos y *followback*, monitorización de palabras).
  http://www.socialoomph.com

Rankings

- **Twitaholic** Usuarios más populares, basado en número de seguidores.
  http://twitaholic.com

- **Twitter-Espana** Tuiteros más populares en España, por categorías.
  http://www.twitter-espana.com

Recomendaciones

- **TagWalk** Buscador y motor de recomendaciones y reputación, búsqueda a partir de usuarios, etiquetas y palabras.
  http://tagwalk.com

Retuits

- **RetweetFollow** Buscador de términos y enlaces más retuiteados.
  http://www.retweetfollow.com

- **Retweetist** Monitorización de retuiteos, detecta tendencias cuando dos o más usuarios hacen RT.
  http://retweetist.com

- **Retweetradar** Detecta tendencias a partir de retuits relacionados con usuarios, palabras clave o etiquetas.
  http://www.retweetradar.com

Robots

- **Bot Database** Buscador y directorio de robots.
  http://thetwittertagproject.com/botdb.php

- **Bots** Listado de robots en Twitter Fan Wiki (incluye robots de mensajes directos, respuestas, anuncios y juegos).
  http://twitter.pbworks.com/w/page/1779741/Bots

Seguidores

- **DoesFollow** Herramienta para comprobar si un usuario sigue a otro.
  http://doesfollow.com

- **Friend or Follow** Buscador de relaciones entre usuarios (*followbacks* y amigos en común).
  http://friendorfollow.com

- **TweepDiff** Herramienta para comparar amigos y seguidores de dos usuarios.
  http://tweepdiff.com

- **Twitual** Herramienta para el análisis de seguidores de una cuenta, detecta seguidores, amigos, amigos mutuos, fans e ídolos.
  http://twitual.com

- **UseQwitter** Servicio de alerta que informa a diario por correo-e de los usuarios que dejan de seguir la cuenta.
  http://useqwitter.com

Tendencias

- **Pulse of the Tweeters** Tendencias y usuarios más influyentes.
  http://www.pulseofthetweeters.com

- **The Tweet Watch** Tuits y temas más populares.
  http://thetweetwatch.com

- **Trendistic** Visualización de tendencias a partir de palabras clave.
  http://trendistic.com

- **TweetVolume** Busca y grafica tendencias de manera comparativa entre tres cuentas.
  http://www.tweetvolume.com

- **Twirus** Busca y grafica tendencias, acotable por lenguas.
  http://es.twirus.com

- **Twopular** Buscador y agregador de tendencias.
  http://twopular.com

- **What the Trend** Buscador, agregador y *ranking* de tendencias.
  http://www.whatthetrend.com

Timeline

- **Twitter / Public Timeline** Flujo global de mensajes públicos.
  http://twitter.com/public_timeline

Visualización

- **Firefox Tweet Machine** Búsqueda y original visualización de tuits por palabras clave.
  http://firefoxtweetmachine.com

- **FollowTheHashTag** Buscador que devuelve resultados en formato infografía interactiva, acotable por lenguas y localización.
  http://www.d-noise.net/follow/

- **Twistori** Visualización de tuits que contengan las expresiones *I love, I hate, I think, I believe, I feel* y *I wish*
  http://twistori.com

- **Twittervision** Visualización de tuits sobre Google Maps.
  http://twittervision.com

Widgets

- **CoveritLive** Herramienta para la cobertura en directo de eventos, seguimiento de etiquetas y usuarios y visualización de tuits.
  http://www.coveritlive.com

- **Twitter Widgets** *Widgets* oficiales de Twitter para sitios web y blogs y aplicación para la red social Facebook.
  http://twitter.com/about/resources/widgets

Wikis

- **Twitter API Wiki** Wiki oficial para desarrolladores.
  http://apiwiki.twitter.com

- **Twitter Fan Wiki** Wiki no oficial administrado por Chris Messina.
  http://twitter.pbworks.com

GLOSARIO

@usuario Modo de referirse o de identificar al administrador de una cuenta. El esquema de la URL correspondiente es: http://twitter.com/usuario.

140 Cantidad máxima de caracteres permitidos por mensaje.

acortador Aplicación que reduce la extensión de una dirección URL para facilitar su publicación.

actualización (tuit).

Adobe Air *(Adobe Integrated Runtime)* Véase: RIA.

agregador Aplicación y página resultante que permite la publicación automatizada de contenidos a partir de fuentes RSS.

amigos Usuarios que se siguen recíprocamente.

API *(Application Programming Interface)* Interfaz de programación de aplicaciones. Conjunto de especificaciones que permiten que los desarrolladores externos aprovechen los recursos de Twitter para extender sus funcionalidades.

aplicación Programa informático diseñado para la ejecución de una tarea por parte del usuario.

ASCII *(American Standard Code for Information Interchange)* Código Estadounidense Estándar para el Intercambio de Información. Sistema de 95 caracteres utilizado para la representación de texto en ordenadores.

avatar Imagen, habitualmente una fotografía o un logotipo, que se utiliza para identificar visualmente a un usuario.

backchannel Canal de retorno. Una funcionalidad de Twitter utilizada desde el festival SXSW 2007, por la que la plataforma se convierte en un ámbito de conversación paralelo a un evento en curso. Con frecuencia, la conversación monitorizada mediante una etiqueta se proyecta en pantallas gigantes y es seguida por los asistentes.

backup Copia de seguridad.

badge (insignia) Botón inspirado en el grafismo de Twitter que se utiliza en sitios web para reclutar nuevos seguidores a una cuenta o para indicar la función de compartir contenidos en Twitter.

BB BlackBerry.

bio (biografía) Texto de hasta 160 caracteres que se incluye en la configuración de la cuenta a modo de presentación del usuario.

bloguer Autor de un blog.

bloquear Impedir que un usuario pueda seguir, responder, mencionar o incluir en sus listas al usuario que lo ha bloqueado.

bot (robot).

by (por) Modo de indicar la atribución de autoría cuando se utilizan referencias de terceros. Suele utilizarse al final del tuit y sigue el esquema: /by: @usuario. En español: /por: @ usuario.

canal (cuenta).

capilaridad Condición de interconectado.

captcha Código alfanumérico utilizado en la fase de registro de una nueva cuenta como sistema de verificación de la identidad humana de un usuario.

CC *(carbon copy)* Copia de carbón o más habitualmente «con copia». Suele utilizarse al final de un tuit para realizar una mención a otro usuario y sigue el esquema: /cc: @usuario.

Chirp (gorjeo) Conferencia de desarrolladores de Twitter, la primera tuvo lugar en San Francisco los días 14 y 15 de abril de 2010.

CM *(Community Manager)* Editor de medios sociales, coordinador de participación.

comandos Órdenes mediante las cuales un usuario puede interactuar con Twitter utilizando líneas de texto, tanto en la web como en móviles.

conexiones Funcionalidad del cliente web oficial que permite identificar el vecindario entre dos usuarios a partir del análisis comparado de sus respectivas cuentas. También indica el menú en el que figuran las aplicaciones de terceros a las que se ha dado acceso a la propia cuenta.

connections Conexiones.

crowdsourcing Contenido generado por los usuarios.

cuenta Identidad de un usuario en la plataforma.

cuenta oficial Canales utilizados por Twitter para distribuir información sobre la plataforma y asistir a los usuarios (@ayuda, @twitter, @twitter_es, @safety, @spam). También designa cuentas institucionales y corporativas asumidas por las propias organizaciones y cuentas de famosos mantenidas personalmente o por sus agentes (algunas de las cuales han sido comprobadas por Twitter y figuran como cuentas verificadas).

cuenta protegida Canal cuyas actualizaciones no son públicas, por lo que se requiere la autorización del usuario que lo administra para poder acceder a sus mensajes.

cuenta pública Por defecto, canal cuyas actualizaciones son visibles para cualquier usuario.

cuenta verificada Usuario cuya identidad ha sido confirmada por Twitter.

curador Editor de contenidos en medios digitales.

desarrollador Programador de aplicaciones basadas en la API de Twitter.

desvirtualizar Conocer en el mundo físico a una persona con las que sólo se ha mantenido contacto en el mundo virtual.

dingbat Tipografía ornamental.

DM (mensaje directo).

ecosistema (tuitosfera).

EDETA (El Diccionario Es Tu Amigo) *Meme* lanzado con la etiqueta #EDETA el 15 de febrero de 2011 por la Fundación del Español Urgente (@Fundeu) al responder las dudas que podrían resolverse consultando el diccionario.

en línea Disponible en la red.

enlace permanente Dirección URL de cada mensaje.

etiqueta Palabra clave que, precedida del signo # (almohadilla o numeral), sirve para identificar un tema, *meme*, tendencia o asunto tratado en un mensaje.

extensión Pequeña aplicación complementaria para mejorar las funcionalidades del navegador.

Fail Whale (ballena de error) Imagen diseñada por Yiying Lu que representa una ballena izada mediante cuerdas por unos pájaros que se utilizaba para acompañar los mensajes de error durante las caídas de servicio.

fan Usuario que sigue a una cuenta que no le sigue recíprocamente.

favorito Mensaje marcado para facilitar su posterior recuperación.

FB Facebook.

feed (fuente RSS).

FF (*Follow Friday*).

focus group Grupo de discusión. Método de investigación basado en discusiones dirigidas en pequeños grupos.

friends (amigos).

freemium Modelo de negocio articulado en torno a una oferta básica de servicios gratuitos y un paquete de pago de servicios avanzados.

follow (seguir).

Follow Friday Uno de los *memes* más antiguos de Twitter. Tradición mediante la cual los usuarios recomiendan los días viernes a otros usuarios a los que seguir en función de un criterio.

followback Seguir a un usuario en reciprocidad.

follower (seguidor).

following (siguiendo).

fondo Imagen o diseño que se utiliza para personalizar una cuenta.

fuente RSS Archivo de metadatos que permite el seguimiento de las actualizaciones de una cuenta mediante un cliente RSS.

geotargeting Estrategia de marketing por la cual se discrimina el sitio al que remite un enlace en función de la localización de quien lo activa, o bien que permite mostrar diferentes contenidos en un sitio web según la localización del visitante.

hash bang Signo almohadilla seguido del signo de exclamación (#!) que utiliza Twitter en la estructura de las URL permanentes a partir del rediseño de 2010 para mejorar la indexación realizada por Google.

hashtag (etiqueta).

HT (*Hat Tip*) Pista. Se utiliza como el «vía».

IN LinkedIn.

índice de resonancia Algoritmo desarrollado por Twitter para calcular la repercusión de un tuit contratado como formato publicitario *(Promoted Tweet)*, contempla entre otros factores la cantidad de retuits y respuestas, así como los clics sobre etiquetas, enlaces y avatar.

influencia Capacidad de un usuario para incidir en la conducta de otros, no depende directamente de la cantidad de seguidores, sino de la calidad de sus redes.

landing page Página web a la que remite el enlace que se incluye en el perfil de la cuenta.

LI LinkedIn.

lista Conjunto de usuarios agrupados mediante un criterio para facilitar el acceso a sus actualizaciones sin necesidad de seguirlos. El esquema de una lista es: @usuario/lista y corresponde a la URL: http://twitter.com/usuario/lista.

mashup Mezcla de contenidos digitales en diversos formatos o de las funcionalidades de dos o más aplicaciones para la generación de una nueva obra o servicio.

medios sociales Plataformas en línea en las que los contenidos son generados por los propios usuarios.

meme Idea original, útil o divertida, cuyo atractivo hace que la gente la adopte y la comparta. En Twitter, las ideas virales suelen circular mediante etiquetas.

mención Referencia en un mensaje a un usuario, utilizando el esquema @usuario.

menciones Flujo de mensajes en los que se ha citado a un usuario.

mensaje Cada una de las actualizaciones que se publican en la plataforma; tuit.

mensaje directo Comunicación privada entre dos usuarios.

microblog Plataforma de publicación autogestionada de contenidos en línea caracterizada por la brevedad de las actualizaciones.

MRT *(Modified Retweet)* Retuit modificado. Se utiliza para indicar que el tuit original ha sido alterado para realizar el retuit.

MT *(Modified Tweet)* Tuit modificado. Se utiliza cuando un tuit constituye una paráfrasis de otro.

netiquette Etiqueta de la red.

netbook Miniordenador portátil.

nube de etiquetas Mapa de un texto en el que el tamaño relativo de las palabras indica su frecuencia.

nudge Comando utilizado en clientes SMS para recordar a un usuario que lleva tiempo sin publicar mensajes.

OAuth *(Open Authorization)* Protocolo abierto que facilita la utilización segura de la API de Twitter en aplicaciones de terceros.

off topic Comentario que no guarda relación con el tema de un post.

On/Off Comandos utilizado en clientes SMS para activar y desactivar la recepción de mensajes provenientes de Twitter.

online (en línea).

PDA *(Personal Digital Assistant)* Asistente Digital Personal. Ordenador de bolsillo o agenda electrónica.

perfil En el cliente web, página con la información de un usuario y el listado de sus últimos tuits.

post Entrada publicada en un blog.

permalink (enlace permanente).

Promoted Accounts (cuentas patrocinadas) Formato publicitario para promover cuentas corporativas entre las sugerencias de cuentas a seguir que se proponen a los usuarios en el cliente web.

Promoted Products (productos patrocinados) Formato publicitario en la interfaz web oficial.

Promoted Trends (temas del momento patrocinados) Formato publicitario para dar visibilidad a palabras clave o marcas entre los temas del momento.

Promoted Tweets (tuits patrocinados) Formato publicitario para dar visibilidad a tuits que contienen mensajes comerciales, sobre los que se aplica un índice de resonancia.

PRT *(Partial Retweet)* Retuit parcial. Se utiliza para indicar que se ha suprimido parte de un tuit al realizar el retuit.

real time Web (web en tiempo real) Aplicaciones en línea cuyo contenido se actualiza de manera instantánea sin necesidad de recarga de la página.

red social Plataforma en línea que facilita la interconexión entre usuarios que comparten intereses comunes.

reply (respuesta).

resonancia Índice que representa la influencia de un mensaje o de un usuario en la plataforma.

respuesta Mensaje que comienza con el esquema @usuario generado a partir de la actualización de un usuario seguido utilizando la orden correspondiente. Permite el establecimiento de conversaciones que sólo pueden ser seguidas por los seguidores comunes de los interlocutores.

retuit Reenvío del mensaje de un tercero.

retuiteo Mensaje reenviado y acción de reenviar un mensaje (recomendación de la Fundación del Español Urgente).

retweet (retuit).

RIA *(Rich Internet Applications)* Aplicaciones de Internet Enriquecidas. Software diseñado para facilitar la ejecución de programas con independencia de la plataforma de trabajo del usuario.

robot Cuenta automatizada que genera mensajes directos (por ejemplo, para los nuevos seguidores), respuestas (cuando se les envía un mensaje con una mención o se incluye una palabra determinada) o que se utiliza para la difusión de anuncios e información de servicios, juegos y humor.

RT (retuit).

RTHX *(Thanks for the RT)*. Gracias por el retuiteo.

seguir Suscribirse a las actualizaciones de un usuario.

seguidor Usuario que se ha suscrito a las actualizaciones de otro usuario.

seguidos Conjunto de usuarios cuyas actualizaciones se reciben en el *timeline* propio.

siguiendo (seguidos).

sintaxis Twitter Modo convencional de estructurar la información en un mensaje para facilitar su tratamiento informático. Por ejemplo, tras el terremoto en Chile (27/2/10) la sintaxis propuesta por el Proyecto EPIC *(Empowering the Public with Information in Crisis)*: #chile #sebusca [nombre] #sitio [localidad] #contacto [@ o teléfono #] #info [más info].

slash (barra diagonal) Signo de puntuación «/» utilizado en la sintaxis de Twitter propuesta por Chris Messina *(slashtags)* para separar el contenido de un tuit o de un retuit de las observaciones que incluye el usuario que lo publica: /by, /cc y /vía).

Slow Twitter Estilo de escritura breve, profundo, inteligente, certero y humorístico. Expresión inspirada en el título del panel *«Slow Twitter: Users Who Take Their Time Tweeting»* celebrado durante el evento SXSW 2010.

SM *(Social Media)* Medios sociales.

SMS *(Short Message Service)* Servicio de mensajes cortos originalmente definido para el intercambio de información textual entre móviles, y que Twitter integra con la web.

social web (web social).

spam Mensajes o cuentas dedicados sistemáticamente a la promoción invasiva de productos o servicios.

spammer Usuario que utiliza la plataforma para la difusión de *spam*.

spoiler Revelación de los detalles de la trama o el desenlace de una obra de ficción.

suicidio Twitter Expresión (*Twitter suicide*) acuñada el 9 de abril de 2010 por Paul Waugh, editor del *London Evening Standard*, para referirse al caso del candidato Stuart MacLennan del Partido Laborista de Escocia, que arruinó su carrera política tras haber publicado una serie de tuits en los que utilizaba un lenguaje ofensivo.

SUL *(Suggested Users List)* Lista de usuarios sugeridos por Twitter.

SXSW *(South by Southwest)* Evento anual celebrado en Austin (Texas, Estados Unidos) dedicado al cine, la música y los medios interactivos.

tableta Ordenador portátil de pantalla táctil.

tag cloud (nube de etiquetas).

teletweeting Sinergias entre Twitter y la televisión, especialmente Twitter como contexto social virtual del visionado de programas de televisión.

temas del momento Palabras clave que destacan por la frecuencia de uso en las últimas horas, pueden acotarse por países y ciudades.

text box Campo de entrada de texto para la escritura de los mensajes.

TFF Ratio *(Twitter Followers/Following Ratio)* Ratio seguidores/seguidos. Índice para calcular el perfil de un usuario basado en el tipo de relaciones que mantiene en la plataforma, se obtiene dividiendo el total de seguidores de una cuenta por la cantidad de usuarios a los que sigue.

TL *(timeline)*.

timeline (flujo de mensajes) Conjunto de actualizaciones ordenadas por cronología inversa. Puede tratarse de los mensajes propios en el perfil de un usuario, de los mensajes correspondientes a las cuentas seguidas, a los mensajes de una lista, de una etiqueta o de una búsqueda.

TOS *(Terms of Service)* Condiciones a las que deben someterse los usuarios para el empleo de la plataforma.

TPS *(Tweets Per Second)* Tuits por segundo.

trending topics (temas del momento).

tuit Cada una de las actualizaciones o mensajes que se publican en la plataforma.

tuitear Publicar mensajes en Twitter (recomendación de la Fundación del Español Urgente).

tuiteo Mensaje que se publica en la plataforma y acción de publicarlo (recomendación de la Fundación del Español Urgente).

tuitero/a Usuario de la plataforma (recomendación de la Fundación del Español Urgente).

tuitosfera El mundo de Twitter: la plataforma, las aplicaciones, los mensajes y los usuarios.

TW Twitter.

twart Arte en Twitter.

tweckle Hostigar en directo mediante Twitter a un conferenciante o artista mientras realiza su trabajo.

tweeple (tuiteros).

tweeps (amigos).

Tweet (tuit) Término oficial (con mayúscula inicial) exigido por Twitter para referirse a los mensajes que se publican en la plataforma.

tweeter (tuitero).

tweetup Reunión de usuarios organizada mediante Twitter.

twinfluence Influencia.

twitencuentro Entrevista o debate realizado en la plataforma.

twitosphere (tuitosfera).

Twitter Marca registrada de la plataforma de *microblogging* fundada en julio de 2006 por Jack Dorsey, Evan Williams y Biz Stone. Cliente web oficial.

twitterati Usuarios con mayor cantidad de seguidores e influencia.

twitteratura Inicialmente un proyecto para resumir obras clásicas de la literatura universal en un máximo de 20 tuits, por extensión microcuentos.

twitterer (tuitero).

twittergrafía *Meme* lanzado con la etiqueta #twittergrafia el 7 de octubre de 2010 por Mario Tascón para explorar de manera colectiva recursos sintácticos, tipográficos y de arte ASCII para optimizar el uso del espacio disponible en los mensajes.

twitterholic Adicto a Twitter.

twittering (tuitear).

twitterization (tuiterización) El efecto producido por Twitter.

twitterland (tuitosfera).

twitteronia El país virtual formado por todos los usuarios de Twitter.

twittersodios Episodios de una serie de televisión desarrollados en Twitter, como anticipo o continuación de la emisión del capítulo correspondiente.

twitterspeak Jerga de Twitter.

twittersphere (tuitosfera).

twitterverse (tuitosfera).

twitterville (tuitosfera).

UGC *(User Generated Content)* Contenido generado por los usuarios.

unfollow Interrumpir el seguimiento de un usuario.

usuario Administrador de una cuenta en la plataforma.

verificado Cuenta en la que la identidad del usuario ha podido ser confirmada por Twitter.

vía Modo de indicar la fuente original de un mensaje. Suele utilizarse al final del tuit y sigue el esquema: /vía: @usuario.

web social (medios sociales).

widget Aplicación que permite insertar en un sitio web o blog las actualizaciones de un usuario o de una lista.

YT YouTube.

BIBLIOGRAFÍA

Comm, Joel, *Twitter Power. How to Dominate Your Market One Tweet at a Time*, Wiley, New Jersey, 2009.
http://twitterpower.com

Cortés, Marc, *Nanoblogging. Los usos de las nuevas plataformas de comunicación en la red*, UOC, Barcelona, 2009.
http://www.libronanoblogging.com

Douglas, Nick (ed.), *Twitter Wit. Brillance in 140 Characters or Less*, HarperCollins, New York, 2009.
http://amzn.to/twitter_wit

Fitton, Laura, Michael E. **Gruen** y Leslie **Poston**, *Twitter for Dummies*, Wiley, Indianapolis, 2009.
http://www.dummies.com/how-to/content/twitter-for-dummies-cheat-sheet.html

Gil, José María, *La guía definitiva para entender Twitter*, eBook, septiembre de 2009 (PDF).
http://josemariagil.tv/guias-gratuitas/guia-como-utilizar-twitter

—, *La guía de Twitter para los negocios*, eBook, julio de 2010 (PDF).
http://josemariagil.tv/guias-gratuitas/guia-twitter-negocios

McFedries, Paul, *Twitter Tips, Tricks, and Tweets*, Wiley, Indianapolis, 2010.
http://mcfedries.com/cs/content/TwitterTTT.aspx

Morris, Tee, *All a Twitter: A Personal and Professional Guide to Social Networking with Twitter*, Que, Indianapolis, 2009.
http://amzn.to/allatwitter

O'Reilly, Tim y Sarah **Milstein**, *The Twitter Book*, O'Reilly, Sebastopol, 2009.
http://oreilly.com/catalog/9780596802820

Pogue, David, *The World According to Twitter*, Black Dog & Leventhal, New York, 2009.
http://www.davidpogue.com/bio_photos/twitter.html

Polo, Juan Diego, *Twitter... para quien no usa Twitter*, Bubok, octubre de 2009 (PDF).
http://www.bubok.com/libros/16583/twitter-para-quien-no-usa-twitter-bn

Sagolla, Dom, *140 Characters. A Style Guide for the Short Form*, Wiley, New Jersey, 2009.
http://www.140characters.com

Soho, Steve y Monica **Jones**, *Everything Twitter: From Novice to Expert. The Unofficial Guide to Everything Twitter*, SoHo, Lexington, 2010.
http://twitterbook.weebly.com

Esta edición de
Mundo Twitter
se imprimió en
T. G. Soler